물건은 좋아하지만
홀가분하게 살고 싶다。

MONOWA SUKI, DEMO MIGARUNI IKITAI by Saori Honda
Copyright ⓒ 2015 Saori Honda
All rights reserved.
Original Japanese edition published by DAIWASHOBO CO., LTD
Korean translation copyright ⓒ 2016 by Simple Life
This Korean edition published by arrangement with DAIWASHOBO CO., LTD,
Tokyo, through HonnoKizuna, Inc., and BC Agency

이 책의 한국어판 저작권은 BC 에이전시를 통한 저작권자와의 독점계약으로 심플라이프에 있습니다.
저작권법에 의해 한국 내에서 보호를 받는 저작물이므로 무단전재와 복제를 금합니다.

적게 소유하고 가볍게 사는 법

물건은 좋아하지만
홀가분하게 살고 싶다.

혼다 사오리 지음 | 박재현 옮김

심플라이프

Prologue

여러분의 집에 있는 모든 물건의 무게를 합치면 얼마나 될까? 아마 짐작하기 쉽지 않을 것이다. 그렇다면 여행을 갈 때는 어떨까? 캐리어나 가방에 필요한 짐을 넣고 직접 끌고 메고 이동해야 하기 때문에 싫어도 그 무게는 오롯이 견뎌야 한다.

내가 처음 '물건이 너무 많지 않은 홀가분한 생활'을 꿈꾼 건 대학생 때였다. 선배들과 함께 들뜬 마음으로 태국 여행을 계획했다. 출발하려고 공항에 모이고 보니 나를 제외한 다른 사람들은 모두 백팩을 메고 있었다. 커다란 여행 캐리어를 끌고 간 나는 캐리어 때문에 여행 첫날과 마지막 날 손발의 자유를 빼앗기고 말았다. 길을 건너 급히 택시를 잡아야 할 때도 캐리어가 걸리적거렸고 길거리 음식점에서 간단히 식사를 때울 때도 방해가 됐다. 안 되겠다 싶어 돌아오자마자 백팩을 샀고 그 뒤 비로소 '짐은 등에 짊어지고 발걸음이 가벼운!' 여행을 즐길 수 있었다. 그런데 백팩 여행에 익숙해지면서 이번에는 짐의 무게가 고스란히 어깨로 넘어왔다. 그때부터 '쓸데없는 짐은 과감히 줄이자'는 다짐을 한 것 같다.

필요해서 산 물건은 구입한 사람의 인생에 좋은 영향을 주어야 한다. 그런데 자칫하면 손과 발의 자유를 빼앗고 어깨를 짓누르는 '짐'이 되어버릴 수 있다. 우리 인생도 이와 다르지 않다.

풍요로운
물건 소유법이란?

고백하자면 나는 물건을 무척 좋아한다. 뭔가 사야겠다는 생각이 들 때부터 가슴이 설렌다. 쇼핑할 때는 더 설레고 즐겁다. 하지만 그럴 때마다 다짐하는 게 있다.
'함부로, 쉽게 사지 않는다.'
물건을 좋아하지만 그만큼 홀가분하게 살고 싶은 마음도 크기 때문이다.

우리 집은 필요한 최소의 물건으로 말끔하게 정돈되어 있다. 그러니 무엇이 어디에 있는지 한눈에 파악할 수 있고, 하고 싶은 일에 금방 착수할 수 있다. 물건을 찾아 헤매거나 골몰할 일이 없다. 물건과 정보가 질서정연하게 들어 있기 때문에 머릿속도 맑다. 이것이 바로 내가 생각하는 홀가분한 삶이다.

이 삶을 포기할 수 없기에, 아무리 좋은 물건을 만나도 '홀가분함'을 방해하는 소유 방식은 지양한다. 한마디로 너무 많으면 안 된다. 물건을 소유하는 본래의 목적이 자신이 원하는 생활에 도움이 되기 위함이 아닌가.
적지 않은 이들이 '물량이 많다'='물자가 풍부하다'='풍요로운 생활'이라고 생각한다. 그러나 사용하지 않는 물건이 집 안에 넘쳐난다면 그것은 결코 풍요로운 생활이라고 할 수 없다. 너무 많은 물건은 공간을 차지하고, 좋아하는 물건을 묻어버리며, 생활을 불편하게 만든다. 자기도 모르는 사이 물건이 너무 많아져 일상의 발목을 잡기도 한다.
소유한 물건 때문에 고민하지 않고, 바로바로 실행에 옮길 수 있는 삶, 그래서 원하는 것에 홀가분하게 매진할 수 있는 상태. 이것이 진정한 '풍요로움'이라고 나는 생각한다.

버리는 것보다
더 중요한 것

물건이 많아져 집안이 어지러워지면 흔히 '물건을 줄이자. 버리자' 하는 생각을 먼저 한다. 물론 버리고 싶은 건 버려야 한다. 하지만 버리기에 지나치게 무게 중심을 두는 건 좀 아닌 것 같다.

버리려고 하는 물건도 원래는 '필요해서, 행복해지기 위해' 사온 것 아닌가. 그랬던 물건을 결국 버리지 않으면 불행한 것으로 만들어버린 사실에 나는 주목하고 싶다. 그 물건을 오래오래 사용한 추억이 있다면 그나마 낫다. 하지만 별로 사용하지도 않고 버리는 물건에는 불운한 이력만 남는다. 돈을 낭비했고, 그것이 집 안의 한쪽을 몇 년째 차지하면서 다른 물건을 사용하는 데 불편함을 주었다. 필요할 것 같아서 샀건만 결국 가족에게 준 것은 부담뿐인 셈이다.

대체 무엇이 잘못된 것일까? 잘 사용하려고 했는데 그 존재를 잊어버린 자신의 건망증? 잘 활용하지 못한 살림 능력? 아니, 그렇지 않다. 원인은 하나다. 그것을 살 때 '나의 생활에 정말로 필요한가'를 깊이 생각하지 않은 것. 그래서 정말 '쓸모 있는 것'을 선택하기 위해서는 철저한 검토가 필요하다. '필요 없다'는 판단은 간단할수록 좋다. 하지만 '필요하다' '원한다'는 생각이 들면 우선 신중해야 한다. 한번 사들이면 경제적, 심리적, 공간적 할애를 동반하기 때문이다. 거의 쓰이지 않고 버려질 가능성이 있는 물건은 애당초 집 안에 들이지 말아야 한다.

우리 집에서 활약하는 애용품들

지금 사용하는 가방과 소지품들. 쓰임새가 간편한 수첩, 믿을 만한 회사에서 만든 손수건 등이다. 매일, 자주 사용하는 소지품은 작고 가벼운 것을 기준으로 선택한다.

부엌에 걸어둔 프라이팬 등 조리 도구들. 사용 빈도가 높은 것들 위주로 꺼내놓았다. 오래 고민하고 산 이 조리 도구들은 사용할수록 기능미가 있어서 보고만 있어도 즐겁다. 그때그때 쉽게 쓸 수 있도록 보이는 곳에 두었다.

충동구매를 줄이는 방법

옷을 사러 외출했다고 가정해보자. 한참을 다녔는데도 좀처럼 눈에 띄는 옷이 없다. 지쳐갈 즈음 '예쁜' 옷이 눈에 들어온다. 다리는 아프고 시간도 많이 지나 집으로 돌아가야 할 때인데, 다행히 가격도 그럭저럭 비싸지 않다. 자, 이제 어떻게 할까?
열 명 중 적어도 일곱 명은 이 상황에서 그 옷을 산다. 그 옷이 정말 찾고 있던, 쓰임새가 있는 옷이라면 다행이지만, 지쳐서, 시간에 쫓겨서 대충 산 옷이 두고두고 유용할 확률은 그리 높지 않다. '예쁘다' '싸다' '빈손으로 돌아가기 싫다'는 이유만으로 산 물건은 그냥 자신의 '욕망'에 무릎 꿇은 결과물에 불과하다. 왜냐하면 아무것도 사지 않는 것보다 뭐라도 사는 게 마음이 편하기 때문이다.
이런 식으로 물건을 사면 머지않아 애착이 가지 않는 '그렇고 그런' 물건들로 가득한 환경에서 살게 될 것이 뻔하다. 제발 이런 반복은 이제 그만두자.
나도 쇼핑을 갔다가 빈손으로 돌아오려고 하면 마음이 허전하다. 그럴 때 나는 백화점 식품코너에 가서 맛있는 단팥빵을 산다. 그 단팥빵을 먹으면서 물건을 사지 않아 허전한 마음을 위로한다. 그러면 가라앉은 기분이 거짓말처럼 다시 좋아지곤 한다.

다른 방법도 있다. '생각보다 싸게 살 수 있겠는걸?' 하는 느낌이 들면(이런 경험이 없는가? 가슴에 손을 얹고 한번 되짚어보자) 나는 일단 그 물건을 사지 않고 가게를 나온다. 그리고 마음을 차분히 가라앉힌 뒤에도 그것이 갖고 싶다면 다시 돌아가 산다. 그래도 늦지 않기 때문이다. 하지만 많은 사람들이 이런 경우 사지 않고 가게를 나오면, 결국엔 '사지 않길 잘했다'고 가슴을 쓸어내리거나 그 물건이 뭐였는지조차 까맣게 잊는다. 반드시 필요한 물건이 아니었다는 증거다.

물건을
사랑하는 생활

정리수납 컨설턴트라는 직업으로, 그리고 '홀가분하게!'라는 슬로건을 내걸고 살기 때문인지 사람들은 나를 종종 '물건에 욕심이 없는 사람'으로 오해한다. 아마 작은 집에서 적은 물건으로 사는 모습도 그 오해에 한몫했을 것이다. 하지만 사실 그 반대다. 나는 물건 욕심이 굉장히 많은 사람이다.

그렇기 때문에 나는 물건을 선택할 때 굉장히 엄격하다. 쓸모 없는 물건을 냉정하게 버리는 것도 중요하지만 애초 냉철하게 선택해 오랫동안 애용하고 싶기 때문이다. 내가 열정적으로 집착하는 일은 '물건 모으기'가 아니라 '물건 선택하기'다. 무언가 산 뒤에 곧 애정이 식어 사용하는 기쁨을 잃는 사태를 맞고 싶지 않다.
물론 그렇게 심사숙고를 거쳐 산 물건인데 실패할 때도 많다. 분하기 그지없는 노릇이지만 실패는 늘 교훈을 남기지 않던가. 그런 숱한 실패와 교훈이 있었기에 지금의 내가 있다고 생각한다.

이 책에서는 내가 평소에 애용하는 이런저런 물건들과 사연을 소개한다. 그런데 이 물건들이 여러분에게 딱 들어맞으리란 보장은 없다. 평소 무엇을, 어떤 가치를 소중히 여기는지에 따라 '최고의 물건'도 제각각 다를 것이다.
한 가지 말하고 싶은 것은 지금도 나는 마음 수행(?) 중이며 '내 나름의 이유'를 확실히 해 물건을 선택하고 있다는 점이다. 이 책의 실제 사례로 독자 여러분이 쇼핑과 소유에 대한 생각을 되돌아보게 된다면 좋겠다.

Contents

PROLOGUE 5
풍요로운 물건 소유법이란? 6
버리는 것보다 더 중요한 것 8
충동구매를 줄이는 방법 11
물건을 사랑하는 생활 12

1

가볍게 살기 위한 마음가짐

잘 고른 물건과
기분 좋게 살고 싶다!

소유한 물건은 모두 활약 중 20
넘치지도 허전하지도 않게, 쾌적한 수납의 즐거움 22
지금은 늘 변하는 것 24
언제 어디든 생활 개선을 26
욕심을 더 내보자! 물건 선택을 오락으로 28
방은 그 사람을 보여주는 거울 32
모르는 상태로 방치하지 않는 삶 34
너무 많은 수납은 불행을 부른다 38
일, 인간관계도 복잡하지 않게 42
황홀한 경험을 인생에 아로새기고 싶다 44

column 이 사람의 물건 소유법
나카지마 아리 씨 46
야마나카 도미코 씨 48

2

홀가분하게 물건 처분하는 법

쓸모 있는
재고 정리 요령

왜 물건을 쉽게 버릴 수 없을까? 52
물건의 적정량과 버릴 시점 파악하기 54
혼다 부부의 적정량 – 우리는 이렇게 산다 56
소유물의 개수와 양을 파악하자
- 세어보자 | 신발 58
- 세어보자 | 옷 60
- 세어보자 | 소품 64
- 세어보자 | 식기와 잡화 66

홀가분하게 산다! 실천해보자
① 옷장 안 12벌 돌려 입기 70
② 가방 안 물건 총정리 84

후회하지 않는 물건 처분법 86

column 이 사람의 물건 소유법
사쿠라이 요시카츠 씨 88
아사노 나오코 씨, 아사노 가요코 씨 90

3

물건은
인생의 파트너다

**소중한 물건일수록
신중하게 골라 오래 쓴다!**

물건 고르기 원칙 97
- Rule 1 | 진짜로, 반드시 필요한지 심사숙고한다 98
- Rule 2 | 자신에게 프레젠테이션한다 99
- Rule 3 | 과거의 실패를 반영한다 100
- Rule 4 | 여러 용도로 활용할 수 있는 것 101
- Rule 5 | 자신의 소비량을 파악한다 102
- Rule 6 | 좋은 물건을 고르는 센스를 키운다 103
- Rule 7 | 가치가 있다면 그만큼 투자한다 105
- Rule 8 | 여행지에서의 일기일회 106

어느 하루의 물건과 생활 108
사랑스럽고 믿음직한 물건이 있다 116
추천하고 싶은 물건
① 주방용품 118
② 캠핑 용품 120
③ 크고 작은 생활용품 122

보기만 해도 기분 좋아지는 애장품 124

interview 무인양품이 인기 있는 이유 128
interview 물건 만들기의 매력을 묻다
① F/style 130 ② snow peak 132

사오리가 애용하는 '추천' 일상용품! 134
지역 토산물의 즐거움 136
선물하고 받는 즐거움 137

EPILOGUE 139

1
가볍게
살기
위한
마음가짐

**잘 고른 물건과
기분 좋게 살고 싶다!**

1

소유한 물건은 모두 활약 중

소유한 물건이
모두 현역으로 활약하면
기분 좋고 행복하다

값비싼 물건일지라도 모셔놓지 말고 사용하자!

물건을 소유하는 이유는 무엇일까? 분명 사용하기 위해서다. '물건을 아낀다'는 말이 사용하지 않고 보관만 한다는 뜻은 아닐 것이다. 평소에 얼마나 자주, 잘 쓰느냐에 따라 물건의 가치가 달라진다.

나는 유난히 그릇을 좋아하고 그래서 갖고 싶은 그릇도 많다. 그러나 꾹 참는다. 새 그릇이 들어오면 반드시 사용하지 않는 것이 생기기 때문이다.

집 안에 사용하지 않는 물건이 쌓이면 쓸데없이 지출이 많아지고 공간을 빼앗는다. 쾌적한 생활과는 점점 멀어진다. 나는 그것이 정말 싫다. 따라서 물건은 꼭 필요한 것을 엄선해 '소수정예'로 들이는 것을 원칙으로 삼는다. 갖고 있는 물건이 죄다 사용 중인 '현역'이면 아주 홀가분한 마음으로 기분 좋은 생활을 할 수 있다.

우리 집은 식기 전용 장이 없다. 보이는 수납으로 손쉽게 꺼내 쓸 수 있다.

꿈에 그리던 밥그릇

우리 부부는 5년 전까지 뜨거운 음식을 담으면 손에 들지 못하는 밥그릇을 사용했다. 다른 걸로 바꾸고 싶었지만 '바로 이거야!' 하는 식기를 만나지 못해 참고 기다렸다. 그러다 마침내 교토에서 꿈에 그리던 밥그릇과 만났다. 그립감, 색상, 분위기, 둥그스름한 형태까지 모든 것이 완벽하게 내 마음을 사로잡았다. 그럭저럭 적당한 걸로 대충 사지 않고 오래 기다려온 터라 그만큼 행복감도 컸다. 특히

히로카와 에마 씨가 만든 식기는 주로 밥이나 국을 담는다. 아카기 아키토 씨의 옻그릇은 평소엔 국을 담지만 오늘은 김치덮밥.

이 그릇은 밥공기로서뿐 아니라 국을 담는 사발로도 적격이다. 무엇을 담아도 음식을 더 맛깔스럽게 보이게 한다. 매일 이렇게 저렇게 활용할 수 있어 현역 중에서도 단연 독보적인 존재다.

현역 선수는 엄선한다

우리 부부는 국그릇도 오랫동안 찾아다녔다. 그리고 몇 년 전에 만난 옻칠 그릇은 국사발로도 좋고 덮밥 그릇으로도 그만이다. 산 지 몇 년이 지났는데도 쓸 때마다 기쁨을 안겨준다. 매일 사용할 현역 선수들일수록 두고두고 애용할 물건으로 엄선한다.

갖고 있는 그릇 중에서 깨지면 가장 속상한 것이 이 그릇이다. 이가 조금 나갔는데 지인이 때워준 후 더욱 애착이 간다.

2

넘치지도 허전하지도 않게, 쾌적한 수납의 즐거움

적당량의 물건이 깔끔하게 수납되어 있으면 생활도 홀가분해진다

모두 마음에 들어요!

옷을 좋아하는 사람일수록 빠지기 쉬운 유혹이 옷을 많이 소유하는 것이다. 하지만 옷이 너무 많으면 본래 좋아하는 옷까지 묻혀 잘 입지 않게 된다.

사람을 설레게 하는 물건의 양에는 한계가 있다. 예컨대 누군가 50벌의 옷을 갖고 있다면 그 옷 '모두를 좋아하기'는 어렵다. 정말로 아끼고 자주 입는 옷은 10벌도 채 되지 않을 확률이 높다. 게다가 새로운 10벌이 더해지면 아무리 좋아하던 옷이라도 갑자기 낡아 보이게 마련이다. 옷이 많으면 골라 입을 옷이 많아 좋을 것 같지만 실제로는 그 반대다. 매번 코디하기도 어렵고 보관도 쉽지 않다. 이미 가지고 있는 옷을 잘 활용해 입지 못하고, 자신이 어떤 옷을 좋아하는지도 정확히 모르는 상태에서는 만족감이 떨어져 금세 새 옷을 사게 된다.

많지 않다 but 행복하다!

(왼쪽부터) 주로 여행용(Dove&Olive×evam eva), 10년 된 애장품(미상), A4 파일도 들어가는 숄더백(STYLE CRAFT).

옷장을 차지하는 가방

언제부턴가 가방이 공간을 많이 차지하는 물건이 되었다. 특히 여성 중에 유독 가방에 애착을 가진 사람이 많다. 옷장 가득 가방이 차 있는 일도 비일비재하다. 가방이 많을수록 당연히 사용하지 않는 가방도 많아진다. 가방에는 제각기 역할이 있다. 그래서 나는 역할이 같은 가방을 두 개 이상 갖지 않으려고 의식적으로 노력한다. '일할 때 서류를 넣는 가방' '여행에 들고 가는 가방' '가까운 곳에 외출할 때 드는 가방' 하는 식으로 정하기 때문에 새로 살 때도 복잡하지 않다. 물론 관리도 서랍 하나에 다 넣을 수 있을 정도로 간편하다.

'어느 사이엔가 증식'하는 도시락 용품

남편은 거의 매일, 나도 때때로 도시락을 가지고 다니는데, 도시락을 싸가는 날이 서로 달라서 우리 집 도시락 용품은 오른쪽 사진이 전부다. 물통은 입이 닿는 부분만 교체할 수 있는 원터치 타입과 컵에 따라 마시는 타입, 두 가지다.

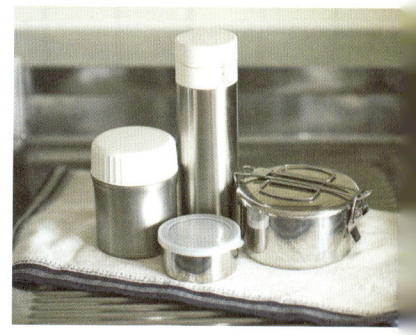

방심하면 식구 수만큼 도시락과 물통을 갖기 십상이다. '언젠가 쓰겠지' 하면서 버리지도 못하고, 적당히 아무것이나 사기 쉽다. 도시락은 최소의 양을 준비하자.

3

지금은
늘
변하는 것

인생은 변화의 연속이다
나도 어제의 내가 아니다
소유할 물건도 그에 따라 점검하자

세월은 정말이지 쏜살같다. 그만큼 크고 작은 변화가 일어나지만 자신은 미처 알아차리지 못하는 법이다. 나이를 먹고, 아이가 크고, 취향이 바뀌고, 입장도 달라진다. 당연히 생활에서 우선순위나 중요한 것도 변해가기 마련이다. 예컨대 취미로 즐기던 쿠키 만들기를 그만둔 지 오래인데 여전히 제빵용품이 선반을 점령하고 있어서 불편하다. 또 몇 년 전엔 '절대 버리지 않을 옷'이었는데 지금은 어디에 있는지도 모른 채 방치되어 있을 수도 있다.

'지금'은 늘 변하는 법이라서, '과거'를 켜켜이 쌓아올리지 않고 언제나 새로운 '지금'을 만들고 싶다. 가끔씩 일부러라도 시간을 만들어 갖고 있는 것들을 점검하고 정리하는 일은 지금의 나를 만드는 작업이다.

업데이트 요령

필요 없어진 물건을 처리하는 데 망설임 따위는 느끼지 않아도 된다. '사람은 변한다' '기호나 취향도 변한다'는 마음가짐이 있으면 불필요한 것에 대한 집착이 약해지고, 납득이 되어 처분도 쉬워진다.

가령 계절이 바뀌어 제철 옷으로 교체할 때면 정기적으로 옷장을 점검하고 처분을 반복하여 '지금'에 초점을 맞춘 물건만 남겨야 한다. 처음엔 다소 번거롭게 느끼지만 몇 번 하다 보면 금세 익숙해진다.

지금 필요한 옷은 무엇?

최근 재킷이 필요해 무인양품의 '작게 접히는 폴리에스테르 재킷'을 구입했다. 내 조건이 '가끔 사용한다' '가방에 넣어 잠깐씩 입고 싶다' '출장 갈 때 챙긴다' 등이어서 이 상품의 기능이 딱이었다. 이처럼 자신의 나이, 환경, 필요한 기능에 맞춰 옷을 업데이트하면 좋다.

또한 무척 좋아하는 샌드베이지 색이 내 얼굴색과 어울리지 않는다는 걸 최근 깨달았다. 그래서 내게 더 어울리는 흰색을 얼굴 주위에 더해 화사한 인상을 연출하고 있다. 어울리는 옷은 나이나 장소, 장면에 따라 변한다. '지금'을 기준으로 옷을 엄선하고, 나만의 패션 스타일을 즐기고 싶다.

흰 티를 안에 받쳐입으면 웬만한 색깔도 OK

옷의 조합을 조금만 달리해도 이미지가 달라진다.

2년 전 잡지용으로 촬영한 아우터 중 잘 입지 않는 재킷 두 벌은 최근에 처분했다.

4

언제 어디든 생활 개선을

변화하는 생활에 맞춰
수납과 공간 사용법을
업그레이드하자

살다 보면 쓰는 물건도 바뀌게 마련이다. 변화한 생활과 물건에 맞는 수납이 당연히 필요하다. 그럴 때 나는 '이건 이 서랍에 넣는다'는 생각에 얽매이지 않고 더 좋은 수납 장소가 없는지 체크한다. 솔직히 얼마 전까지만 해도 '속옷은 세면실 수납박스에'라는 생각에 매여 옷을 갈아입을 때마다 속옷을 꺼내러 안방에서 세면실까지 가야 했다. 그런데 문득 다른 옷과 속옷을 함께 수납하면 동선이 짧아진다는 사실을 깨달았고 해보니 무척 편했다. 한번 정한 수납 원칙을 너무 고집하지 않고 상황에 맞게 바꿔보는 것도 중요하다.

Before

(왼쪽부터) 알코올, 산소계 표백제, 중탄산소다. 도드라지지 않고 사용하기 쉬운 용기에 담아서 사용한다.

세제는 쓰임새가 다양한 것으로

지금까지 욕실에는 욕실 전용 세제를, 옷 세탁에는 전용 표백제를 사용했다. 하지만 세제 수가 많아지면 그만큼 수납 공간이 좁아지고 여유분을 비축하기도 번거롭다. 그래서 세제를 쓸 때 '○○ 전용'이라는 선입견을 버렸다. 준비한 것은 알코올, 과산화나트륨(산소계 표백제), 중탄산소다로 단 세 가지다. 웬만한 기본 청소를 이것으로 다 할 수 있다.

우선 알코올 스프레이는 닦는 청소에 최고다. 뿌리기만 해도 세균을 없앨 수 있어 편하다. 중탄산소다는 개수대 주변을 닦거나 냄비에 눌어붙은 것을 제거하는 데 유용하다. 과산화나트륨은 의류 표백이나 세탁조 세척에 사용한다. 이렇듯 활용도 높은 만능 세제를 곳곳에 쓰면서 청소가 한결 수월해지고 관리도 편해졌다.

5

욕심을
더 내보자!
물건 선택을
오락으로

원하는 것을
분명히 하기!
그것이
물욕을 컨트롤한다

나는 물건을 손에 넣는 순간이 아닌 손에 넣기까지의 과정을 즐긴다. '바로 이거야!'라는 느낌을 주는 물건과 만나기란 그리 쉽지 않다. 그렇다고 내가 딱 원하는 '이것'이 아니라 그와 흡사한 물건과 타협하는 건 물욕에 무릎을 꿇는 것 같아 싫다.

적당한 물건과 타협하고 싶을 때는 일단 '더 좋은 것이 분명 있을 거야'라고 욕심을 내면서 물건을 선택하는 과정을 즐겨보자. 그렇게 하면 정말 자신이 원하는 행복한 쇼핑을 할 수 있을 뿐 아니라 어디를 가든 다른 물건에 눈길이 가지 않아 불필요한 물건을 사지 않게 된다. 원하는 물건이 뚜렷하기 때문이다.

오래전 부엌의 틈새 공간에 넣을 이동식 왜건이 필요했다. 그런데 아무리 찾아도 없었다. 1년이 지나도 마땅한 게 눈에 띄지 않았다. 꾹 참고 그동안 캠핑 용품을 사용했다. 어느 날, 인터넷에서 이 중고 왜건을 발견했을 때의 기쁨은 그야말로 하늘을 나는 것 같았다.

→ 0에서 1로의 쇼핑

이제까지 한 번도 갖지 않았던 '0'의 물건을 도입하여 '1'로 만들 때는 특히 신중해야 한다. 딱 한 개만 소유하는 것이므로 오래도록 사랑에 빠질 만한 것이 좋다. 나아가 새로운 세계를 함께할 든든한 연인이어야 한다. 그런 마음가짐으로 찾아보자.

① 손목시계

몇 년 전 여행지에서 손목시계를 잃어버린 후 꽤 오랫동안 손목시계 없이 지냈다. '다시 사게 된다면 나이에 맞는 근사한 것을 하나 갖고 싶다'는 생각 때문이었는데 좀처럼 마땅한 시계가 눈에 띄지 않았다. 그래서 '값비싼 것보다는 지금의 내 생활에 맞는 시계'를 사자고 생각을 바꿨다. 내 생활에 맞는 시계란 장식이 적고 시간을 쉽게 볼 수 있는 시계다. 또 생활 방수가 되고 날짜와 요일까지 쉽게 볼 수 있으면 좋겠다고 생각했다. 그러던 어느 날 우연히 스와치가 눈에 들어왔다. 그토록 열심히 찾을 때는 보이지 않던 것을 이처럼 불현듯 만나게 되기도 한다.

② 요가매트 & 요가백

요가 교실에 다니기 시작하면서 요가매트가 필요했다. 저렴한 것을 구매해 썼는데 낡아서 처분해야 했다. 이번에는 제대로 된 물건을 구입해 소중히 사용하자는 생각이 들었다. 하지만 요가매트에 대해 아는 정보가 없었다. 문외한인 분야라 그 분야 전문가에게 조언을 구했다. 요가 트레이너를 하는 지인이 소개해준 물건을 망설임 없이 구매해 만족하며 쓰고 있다.

→ 0에서 1로의 쇼핑

③ 식가위

부엌칼 같은 느낌의 식가위를 오랫동안 찾았다. 그러던 어느 날, 이세탄(백화점)에 식가위 특별 코너가 생겼다는 소식을 들었다. 원하는 제품을 손에 쥐어볼 절호의 기회였다! 일본 제품부터 수입품까지 무척 다양했는데 그중 하나를 골랐다. 나를 사로잡은 건 심플한 모양새였다. 특히 양날을 분해해 씻을 수 있다는 점이 결정적이었다. 평소 고기를 식가위로 자르고, 그 틈새도 깨끗이 씻어 관리하고 싶었기 때문이다. 지금은 고기와 채소 모두 이 식가위 하나를 이용해 자른다. 도마가 필요 없어 매우 요긴하게 쓰고 있다.

삶아낸 오크라를 그대로 식가위로 자른다.

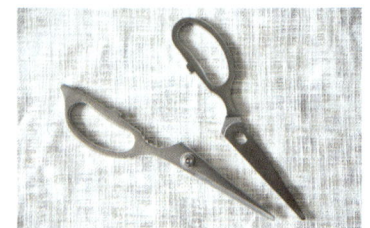

분해해서 닦으면 언제나 청결하다.

④ 만년필

자주 손편지를 보내는 친구가 있다. 글씨도 매끈하고 리드미컬하여 볼 때마다 감탄사가 터져나온다. 친구에게 물어보니 만년필을 쓴다고 했다. 그래서 만년필에 흥미가 생겼다. 답장을 쓸 때 만년필로 멋있게 써서 보내고 싶었다.

라미는 원래 지인의 것을 보고 디자인이 마음에 들었는데, 문구점에서 직접 써보니 필기감도 좋아 감동했다. 가격도 비싸지 않았다. 요즘은 편지는 물론 회의 메모나 평소 생활에서도 늘 이 만년필을 사용한다. 쓸 때마다 기분이 좋다.

⑤ 아로마 스톤

자동차로 이동하는 시간이 길어지면서 차 안을 쾌적하고 기분 좋은 공간으로 만들고 싶어졌다. 예전에는 아로마 향의 스프레이를 뿌렸는데, 뭔가 부족한 느낌이 들면서 좋은 향을 오래 즐기고 싶다는 욕심이 생겼다. 마트에 흔한, 시거 소켓에 꽂아 쓰는 분사기는 디자인과 향이 마음에 들지 않았다. 이후 아로마 가게나 자동차용품점, 잡화점을 돌며 원하는 것을 찾으려고 애썼다.

그러다 마침내 아로마 스톤을 발견했다. 뿌리는 타입만 염두에 두었는데, 향이 오래도록 지속되고 디자인도 멋져서 이것으로 결정! 남편도 마음에 든다면서 똑같은 것을 상사에게 선물하기도 했다.

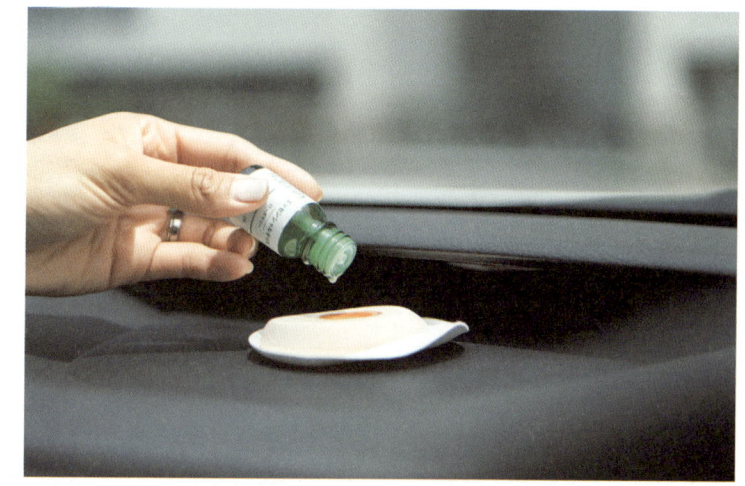

최근 차 안에서 사용하는 아로마 오일은 민트나 로즈마리. 세 번 승차에 한 번꼴로 스톤에 오일을 떨어뜨려 향을 즐긴다.

6

방은 그 사람을 보여주는 거울

지금 중요하게 생각하는 것을
방에 반영하자!

방에 있는 물건, 그것이 놓인 방식만으로도 그곳에 사는 사람의 많은 면을 알 수 있다. 음악을 자주 듣는지, 화초를 좋아하는지, 심플함을 좋아하는지, 식사할 때 중시하는 것이 무엇인지 등 다양한 것을 짐작할 수 있다.

생활 습관이나 우선순위, 잘하고 못하는 것은 사람마다 다르다. 중요한 것은, 방에 맞춰 생활하지 않고 방을 자신의 생활에 맞추는 것이다.

내가 거실에서 가장 중요하게 생각하는 조건은 여백이 많아 창밖 너머의 풍경이 한눈에 보이는 것이다. 따라서 소파는 시선이 창을 향하도록 두어 밖을 보면서 심호흡을 할 수 있도록 했다. 그런 공간적·심리적 여유를 갖기 위해 거실에는 꼭 필요한 것만 둔다. 그리고 청소가 손쉽고 공기가 잘 순환되도록 가급적 물건을 바닥에 두지 않으려고 한다.

부엌에 마련한 차 코너.
반드시 개봉한 날짜를 적어
기한 안에 마신다.

지금 중요한 것이 무엇인지 알 수 있는 방

나는 차를 마시면서 긴장을 풀고 시간을 보낼 때 행복감을 느낀다. 아무리 바빠도 차분한 마음으로 느긋하게 차를 마시는 시간은 포기하고 싶지 않다. 따라서 수납 특등석에는 쉽게 꺼낼 수 있는 차 세트가 준비되어 있다.

자신이 평소에 자주 이용하는 장소를 기분 좋은 공간으로 만드는 것은 인생에 매우 중요한 일이라고 생각한다. 밖에서 보금자리로 돌아와 마음을 평온하게 다독이고 차분하게 심신의 에너지를 채운다. 그 힘이 다시 밖으로 나가 활동하는 원동력이 된다. 평소에 내가 자주 머무는 곳에서 내가 만들어진다. '몸은 냉장고 안의 것들로 만들어진다'는 말처럼 '나는 방으로 만들어진다'고 해도 과언이 아니다.

7

모르는 상태로 방치하지 않는 삶

수납이란 신변의 '모르는' 물건을 없애고 늘 기분 좋은 상태를 유지하는 것

'나중에' 정리하자, '일단' 넣어두자… 이렇게 미루고 쌓인 것은 결국 무심결에 무엇이 얼마나 있는지 모르는 상황을 만든다. 인간은 누구나 '모르는' 상황을 불쾌하게 여긴다. 깔끔하고 기분 좋은 집이라면 어떤 공간이든 '여기에 무엇이 있나?'라는 질문에 곧바로 대답할 수 있는 상태다. 따라서 우리 집에서는 유념하는 세 가지가 있다.

첫째, 한눈에 내용이 보이도록 수납할 것. 중요한 것은 '일목요연'. 용무가 없어도 볼 때마다 내용이 머릿속에 그려지기 때문에 물건의 소재가 명확해진다.

둘째, 같은 그룹으로 나눌 것.

셋째, 보이지 않는 곳에는 라벨링을 할 것. 시야에 들어오지 않으면 존재를 잊고 사용할 기회를 놓치기 마련이다. 라벨링으로 사물의 존재를 드러내 필요할 때 제대로 사용한다.

→ 보이는 수납으로 알기 쉽게

① **메쉬 파우치**

수납 용품이나 보존 용기, 파우치는 가급적 내용이 보이는 것을 선호한다. 얼핏 보고도 무엇이 들어 있는지 알게끔 한다. 커버가 있거나 불투명하고 깊으면 내용물이 보이지 않아 불편하다. 사진은 여행용 세안용품. 메쉬 파우치는 작은 것을 담기에 좋아 무인양품 제품을 대중소로 가지고 있다. 여행 가방에서도 알기 쉽게 구분해줘 사용하기 편하고, 집에서도 코드나 작은 부품을 수납하는 데 도움이 된다.

내용이 보이지 않는 파우치는 그 안에 무엇이 들어 있는지 일일이 기억해야 하거나, 확인하려고 매번 열어보게 된다. 외출해서 가방을 뒤적여야 하는 건 꽤 큰 스트레스다.

② **지퍼백**

투명하고 밀폐 가능한 지퍼백은 부엌뿐 아니라 집 안에서 두루 활용할 수 있다. 안이 보이고 공기를 빼서 작게 수납할 수 있는 점이 매력. 우리 집에서는 증빙용 영수증을 담는 데 활용하거나 의약품과 처방전을 함께 넣어둔다. 안이 보이지 않는 불투명 봉투나 색깔 있는 비닐에 넣으면 무엇을 넣었는지 잊어버려 필요할 때 사용하지 못할뿐더러 방까지 지저분하게 만든다.

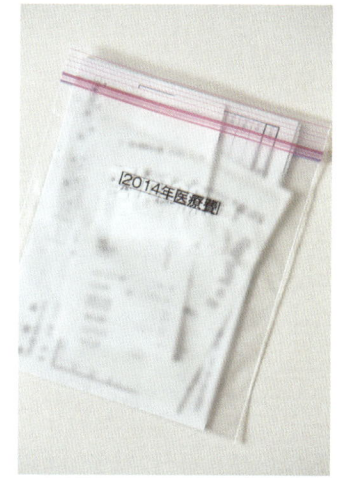

라벨링으로
한눈에
파악한다

정보도 '시각화'

앞서 강조했듯 수납은 '여기에 무엇이 있나?'라고 물었을 때 즉시 대답할 수 있는 상태가 이상적이다. 그러기 위해서는 여러 종류의 물건이 섞여 있는 건 바람직하지 않다. 같은 종류로 그룹을 짓는 것이 중요하다. 그룹으로 나누어 라벨링을 해서 내용물이 더 명확해지고 가족 중 누가 봐도 금방 알 수 있으면 좋다. 나아가 그 내용물을 사용할 때 참고가 되는 정보를 함께 적어두면 매우 유용하다. 우리 집의 경우 세탁세제 용기에 1회 필요량을 적어두었다. 이것만으로도 세탁이 수월해지고 남편도 쉽게 세탁기를 돌릴 수 있게 됐다. 수납 외에도, 달력에 재활용품이나 음식물 쓰레기 버리는 날을 적어두면 유용하다.

현관 수납장에 있는 구두 닦기 세트를 모아 담고 '구두 닦기'라고 라벨링을 했다. 구두를 닦는 건 남편의 일. 좁은 현관에서 등을 굽히고 열심히 닦는다. 라벨을 붙인 후부터 헷갈리지 않고 구두를 닦고, 지금은 내 구두까지 남편이 닦고 있다.

내 생애 연표를 만들어보자
정리수납 컨설턴트로 일하게 되면서 매체에 인터뷰할 기회가 많아졌다. 꼼꼼히 기억하려 하지만 종종 잊기도 한다. 그래서 생각한 아이디어로, 나의 연표를 만들어봤다.
내가 언제 무엇에 관심을 가졌는지, 어떤 행동으로 옮겼는지, 무엇이 변했는지 등을 적어둔다. 이 연표를 통해 객관적으로 나를 돌아보고 새롭게 알게 되는 면이 적지 않다. 살아온 과거를 시각화하는 일은 앞으로의 계획이나 지침을 만들 때도 큰 도움이 된다.

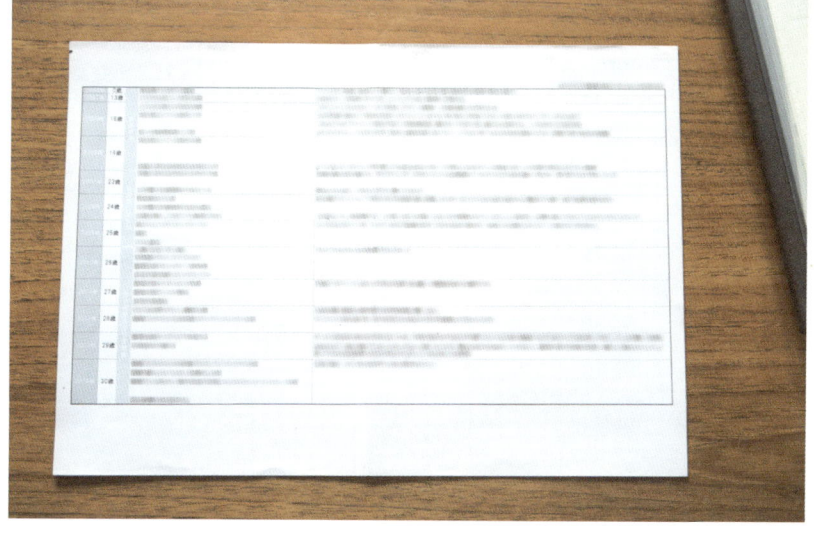

8

너무 많은 수납은 불행을 부른다

'많은 물건을 잘' 수납하려는 사람이 많은데
그것이 정말로 좋은 걸까?

결혼하면서 살기 시작한 이 다세대 주택은 너무 좁아서 수납할 곳도 거의 없다. 하지만 지금은 오히려 그 점이 좋다. 이사를 왔을 때 이 집에는 우리 부부의 물건으로 가득했다. 그래서 어쩔 수 없이 물건을 엄선해 수납하고 남은 것은 전부 처분했다. 이 행동이 이후 큰 행복을 불러왔다. 그 작업 덕분에 '의미 있는 것만 남겨진' 집에서 새 생활을 시작할 수 있었으니까. 자연스럽게 집 안에 '특별히 필요 없는 것'을 갖고 들어오는 일은 피하게 됐다.

만약 내가 수납 공간이 넉넉한 집으로 이사를 가면 어떻게 될까? 사용하는 것이나 사용하지 않는 것을 모두 일단 수납하고, 필요할 때 물건을 찾을 수 없는 집이 될지도 모른다. 찾을 수 없으면 또 사게 된다. 이렇게 물건이 점차 쌓이기 때문에 수납은 더욱 어려워진다.

불행은 악순환된다. 집이 어지럽고 혼잡하면 기분이 나빠지고, 그렇게 채워지지 않는 마음을 쇼핑으로 해결하려 들지도 모른다. 쇼핑의 기쁨은 잠시, 다시 물건이 늘면 집은 더 혼잡해진다. 맘먹고 정리를 한다 해도 비어 있는 공간을 찾아 다시 수납하면 가족의 생활 동선에 방해가 될 우려가 있다. 자칫했다간 가정 불화의 원인이 될 수도 있다.

'많은 것이 수납된 집'은 관리가 쉽지 않다. 그래서 웬만한 능력이 아니고는 '악순환이 이어지는 집'이 되기 십상이다.

선택하고 남은 것
우리 집 현관 수납장에는 신발 외에 책과 CD도 있다. 음악을 좋아하는 남편은 결혼하기 전부터 많은 CD를 가지고 있었다. 하지만 너무 많아서 당장 듣고 싶은 것을 찾지 못할 때도 종종 있었다. 특별히 좋아하는 것일수록 더 쉽게 꺼내볼 수 있도록 수납해야 한다. 공간이 한정

되어 있다면 더욱 그렇다. 남편은 세 번 정도 검토를 해서 음원을 데이터로 저장하는 방식으로 CD를 절반으로 줄이고 반드시 소장하고 싶은 CD컬렉션을 완성했다.

수납 공간이 넓다고 반드시 좋은 것은 아니다. 한정된 공간에 많은 물건을 넣어야 한다면 꼭 필요한 것만 엄선해 편집하고 보관하는 능력을 키우는 기회로 삼자.

→ 오픈 선반 활용하기

세탁기용 오픈 선반

무인양품의 오픈 선반은 세탁기 주변의 수납 공간이 부족한 사람에게 안성맞춤이다. 옆면도 충분히 사용할 수 있고, 뭔가를 걸거나 자석으로 매달 수도 있다. 다리의 좌우 높이를 달리할 수도 있다.

부엌의 오픈 선반

앞면은 물론 옆면에서도 손만 뻗으면 물건을 꺼낼 수 있는 오픈 선반은 손이 많이 가는 부엌일에 안성맞춤이다. 서랍을 더 넣을 수도 있고 아래쪽에 쓰레기통을 둘 수도 있는 등, 자유자재로 자신이 원하는 스타일을 만들 수 있다.

냉장고를
작은 용량으로 바꾼다

지금까지 사용해온 427리터 냉장고는 2인 가족에게는 너무 컸다. 냉장고는 내용물 관리가 무엇보다 중요하다. 무인양품의 270리터로 줄이니 냉장고 안에 있는 물건도 쉽게 파악할 수 있고 식품 폐기율이 크게 줄었다. 냉장고를 줄이고 나서부터 그때그때 꼭 필요한 분량만 사게 되었다.

휴대전화 메모리를 줄인다

아이폰을 새로 살 때 실수로 그만 16기가 메모리를 구입했다. 그전까지는 64기가를 사용했다. 그런데 이게 의외로 행운이 됐다. 용량이 적으니 사진이나 음악, 앱을 수시로 정리해야 하는데, 찾는 데이터를 손쉽게 찾을 수 있어 일의 효율이 높아지고 시간도 절약된다.

9

일, 인간관계도 복잡하지 않게

언제나 홀가분한 상태로

업무에 가사, 육아 그리고 끝도 없는 잡다한 일들… 바쁜 만큼 마음도 빠듯하여 여유가 없다. 그럴 때일수록 시간을 내서 방 안을 말끔하게 정리해보자. 물건이 어지럽게 널려 있으면 마음까지 덩달아 조급해지기 쉽다.

우리의 마음 상태는 소지품, 방의 상태, 머릿속, 시간 등 주변 환경에 크게 좌우된다. 평소에 눈에 띄는 것부터 조금씩 정리해두면 저절로 중압감에서 벗어날 수 있다. 정리가 잘된 방에서는 머릿속 정리도 쉽고 효율적으로 일할 수 있다.

나의 마음 깊은 곳에는 '인생을 복잡하게 만들고 싶지 않다'는 강한 바람이 있다. 범람하는 물건, 일, 사람… 그런 것을 끊임없이 들여오고 소유하는 게 아니라 내 안테나에 걸린 것들만 선택해 즐기는 생활을 꿈꾼다. 이런 원칙을 중심에 두고 소중하게 사용할 것들 위주로 선택하고 물건이나 일, 사람에 휘둘리지 않으려고 한다. 그것이 바로 내겐 '홀가분'한 상태이기 때문이다.

이런 이유로 SNS도 그만두었다. 친구의 근황을 알지 못하는 점이 다소 아쉽지만 언제든 친구에게 직접 연락하면 된다. SNS로 적당히 유지되는 관계는 내겐 무의미하다. SNS에서는 소중히 여길 무엇도 싹트지 않는다. 더 정확히 말하면, 나는 내가 중요하게 여겨야 할 것을 명확하게 하고 싶었다. 복잡해지면 보이지 않게 된다. 인터넷이 파고들면서 물건, 일, 사람의 관계가 복잡해졌다. 나는 그런 환경에서도 내가 주체가 되어 능동적으로 관계를 쌓아갈 수 있기를 바란다.

정보를 저장할 땐 사용할 때를 생각하자

업무 스케줄이나 마음에 드는 문장, 다시 방문하고 싶은 가게 등 보관하고 싶은 정보는 수첩이나 스마트폰에만 담아놓는다. 수첩과 스마트폰은 늘 가지고 다니기 때문에 언제든 원할 때 꺼내볼 수 있다.

정보를 저장할 때는 늘 '검색'을 염두에 두고 가장 접근이 쉬운 상태로 정리해둔다. 직관적으로 생각나는 단어나 키워드를 적어두는 식이다. 손으로 적을 때는 펜의 색으로 구분하거나 인덱스나 폴더로 나눠 꺼내보기 쉽게 한다. 원리는 물건 수납과 동일하다. 사용할 때를 염두에 두고 정리해야 사용하고 싶을 때 헤매지 않고 바로 꺼내볼 수 있다.

정보에도 라벨링을

나는 이메일은 '분류가 쉽고' '시각적으로 알기 쉬운' 지메일(gmail)을 쓴다. 이메일의 자동 분류 설정으로 '라벨링' 기능을 이용하면 찾는 메일을 쉽게 찾을 수 있다.

일일이 라벨링을 하자면 분명 번거롭다. 그러나 나중에 필요한 정보를 끄집어낼 때 매우 편리하고 시간이 크게 단축된다. 업무 효율성이 높고 답장도 하기 쉬워서 평소에 편지를 잘 쓰지 않는 나 같은 사람의 교류까지 원활해진다. 이것 또한 물건 수납과 같아서, 바쁠 때일수록 정리정돈을 습관화해서 효율적으로 일할 수 있는 토대를 만들어놓는 것이 중요하다.

10

황홀한 경험을
인생에 아로새기고 싶다

누구와, 어디서, 어떤 분위기를
만들지가 중요하다

좋아하는 물건은 많지만 그렇다고 저세상으로 갈 때 가져갈 수 있는 것은 없다. 그렇게 생각하니 평소에도 인생에서 경험할 수 있는 '황홀한' 시간을 많이 갖고 싶다는 욕심이 생겼다. 예컨대 지금 내 손에 10만 엔이 있다면 물건보다 경험에 쓰고 싶다. 사랑하는 사람과 좋아하는 곳에서 크고 작은 행복을 느끼는 순간들을 인생에 아로새기고 싶다.

물론 이것은 어떤 물건을 갖고 어떻게 생활하는가와 연관돼 있다. 그래서 긴장을 풀고 쉴 수 있는 장소인 집을 정리해둘 필요가 있고, 밖에서 좋은 시간을 보내기 위해서는 관련 정보를 미리 정리하여 저장해둘 필요가 있다. '황홀한 경험'은 그저 막연히 지내서는 좀처럼 손에 넣을 수 없다. 사전 준비라는 마음으로 적극적이고 능동적으로 행동할 때 비로소 내 것이 된다.

어느 날의 황홀한 시간

욕실에서 나와 잠자리에 들 때까지의 시간만큼은 자유로움을 만끽하고 싶다. 그래서 욕실에 들어가기 전에 모든 잡무와 정리정돈을 마친다.

목욕을 하면서 심신의 피로를 풀고 '이제 잠들기만 하면 된다'는 마음으로 편안히 소파에 몸을 기댄다. 갓 내린 따끈한 차를 마시며 느긋하게 책 읽는 시간을 가진다. 그러면 곧 졸음이 몰려온다. 잠자리에 누워 '오늘도 열심히 살았다'는 안도와 함께 깊은 잠에 빠져든다.

이런 특별할 것 없는 일상의 황홀함은 정말 중요하다. 이 시간을 누리기 위해 필요한 것은 편안한 소파와 테이블, 차 세트. 그리고 어디에 무엇이 있는지 알 수 있을 만큼 수납정리가 된 단출한 방이 무엇보다 중요하다.

여행지에서의 황홀한 시간

자연의 힘으로 위로를 받고 싶어서 자연 환경이 좋은 곳으로 여행을 가곤 한다. 또 하나, 커피도 중요한 휴식 시간을 선물한다.

후쿠오카에 갔을 때 커피 마니아가 추천하는 카페를 찾았다. 봄날의 따스함이 유난히 나른하면서도 기분 좋게 퍼지던 날, 창가 자리에서 푸릇푸릇한 나무들을 바라보며 때때로 날아오르는 새를 보면서 바리스타가 정성껏 내려준 커피를 마셨다. 책을 읽다가 바깥 풍경을 보며 심호흡을 하기도 했다. 다른 테이블의 손님들이 나누는 대화 소리도 느긋한 음악처럼 들렸다. 무척이나 기분 좋은 공간이라 커피를 리필해 오래도록 앉아 있었다. 이런 멋진 분위기, 손님을 편안하게 대접하고자 애쓰는 카페 주인장의 따스한 배려를 느끼는 순간. 이런 순간을 마음껏, 자주 누리고 싶다.

column

이 사람의 물건 소유법 ❶
나카지마 아리 씨

의류회사에서 일하다 2015년 6월, 아버지가 일군 후쿠시마의 니트 산업을 세계에 전하기 위해 최소한의 생활용품만 갖고 영국으로 건너갔다. 행동력이 뛰어나고 만날 때마다 자극을 주는, 늘 새로운 고교시절 친구.
후쿠시마 니트 http://fukushima-knit2015.wix.com/fukushima-knit

Q 가방 안을 보여주세요.

① 물통 ② iPod ③ 대추와 아몬드 주머니(늘 가지고 다니면서 출출할 때마다 먹는다)
④ 지갑 ⑤ 동전지갑(재구매한 Marimekko 제품)

가방 안의 물건은 그 사람을 표현한다!

동전지갑 안은…
카드는 넉 장! 클리어 파일을 잘라서 만든 동전 케이스가 놀랍다.

2평 남짓한 아파트에서 혼자 살기 시작했을 때 '집에 물건은 100개까지만(소모품 제외)'을 원칙으로 정하고 이사한 나카지마 씨. 적은 물건으로 생활하는 '홀가분한 풍요로움'을 만끽하고 있다. 지금 실천하는 방법은 구입한 물건을 엑셀로 기록하여 전체 양을 파악하는 것. 작년에는 20개에 그쳤다. "리스트에 적는 일이 귀찮아 오히려 물건을 사지 않는다. 가지고 있으면 버릴 수도 없고 물건의 양을 늘리고 싶지 않다"고 말한다. 현재 그녀는 워킹홀리데이 비자로 영국으로 건너가 니트로 일본문화를 소개하려고 한다. 그 일을 위해 만든 이름이 '후쿠시마 니트'.

후쿠시마 니트의 숄더백. 사용하기 편한 어깨끈 길이가 특징이다.

Q
재구매해 사용하는 것이 있나요?

A
BIRKENSTOCK의 샌들

일단 쾌적하게 오래 신을 수 있어 좋다. 신은 것은 5~6년 전에 구입한 '튤립'.

정말 좋다!

Q
사람마다 이유 없이 좋아하는 아이템이 있죠. 이것만큼은 중복 구매한다는 것이 있다면?

A
셔츠

특히 줄무늬를 좋아한다. 아버지가 젊은 시절에 입던 세로 줄무늬 셔츠 두 장도 활약 중이다.

지닌 물건은 모두 엑셀로 관리한다. 총 100개를 넘지 않도록 관리 중.

의상을 공부하고 의류업계에서 일하던 나카지마 씨는 대량생산되는 옷을 보면서 '이렇게 만들어져 그저 벗고 나면 그만인 옷에 대체 무슨 의미가 있을까?'라는 질문을 갖고 고민했다. '스토리가 있는 옷, 그 옷의 의미가 사람에게 전해져 소중히 쓰이는 제품을 만들고 싶다'는 생각에서 떠올린 것이 후쿠시마 니트다. 후쿠시마 니트는 공장을 중국으로 이전해 지진 피해도 적다. 지속적으로 상품을 기획하고 디자인한다.
심플한 가운데 따스함과 참신함을 두루 갖춘 나카지마 씨의 니트는 일본 니트의 장점을 보여준다.

column

이 사람의 물건 소유법 ❷

야마나카 도미코 씨

옷감 작가. CHICU+CHICU5/31을 운영한다. 앤티크 상점을 거쳐 디자인부터 봉제까지 현재의 의상을 제작하는 데 이르렀다. 사이타마 현 가와구치에 직영점이 있고 저서 『낡은 천으로 만든다』를 냈다. 그녀가 만든 와이드 팬츠는 내가 한 주에 3~4일은 입을 정도로 애용하는 아이템. 편안함을 안겨주는 최고의 옷이다.

① 가방 ② 파우치(안경) ③ 노트 세 권(세 권이 들어가는 케이스를 구입할 예정)
④ 라디오 케이스 ⑤ 지갑(재구매한 POSTALCO 제품) ⑥ 교통카드 케이스

Q 가방 안을 보여주세요.

옷감 작가인 야마나카 씨는 작은 아파트에 4인 가족이 살면서, 집에서 가게를 여는 등 자신이 좋아하는 방식으로 일했다. 그럼에도 입소문을 듣고 온 손님들에게 인기가 많았다. 작년에는 지은 지 40년이 넘은 다세대 주택을 일과 생활에 맞게 리모델링했다.

집은 군더더기 장식이 없는 오래된 건물의 흔적을 고스란히 되살렸다. 장식품과 낡은 도구가 적지 않지만 깔끔

밖으로 보이는 물건은 모두 흰색으로 통일했다. 검정색이나 색깔이 있는 옷은 옷장 안에.

Q 사람은 각자 무조건 좋아하는 것이 있죠. 이것만큼은 또 사고 싶다 하는 물건을 보여주세요.

A 흰 식기와 흰 셔츠

Q 재구매하여 계속 사용하는 물건을 보여주세요.

A 조미료들

(왼쪽부터) 참기름, 식초, 맛술, 간장, 올리브오일

하면서도 시원한 공간이 인상적이다. '보이는 물건과 보이지 않는 물건을 구분한다' '보이는 곳은 흰색, 보이지 않는 곳은 본디의 색'이라는 규칙을 정한 게 비결이다. 투명한 식기장에는 흰색의 멋진 그릇들이 놓여 있다. 아는 작가가 만들어준 그릇이 많다.

요리에도 그것을 만드는 사람의 얼굴이 보인다. 좋은 식재료와 조미만으로도 충분히 맛있다. 술을 즐기는 야마나카 부부. 느긋하게 술 한잔을 할 때도 맛있는 요리를 좋아하는 그릇에 담아 즐긴다. 야마나카 씨에겐 의식주의 모든 것이 하나로 연결되어 일직선상에 있다. 어느 것 하나도 허투루 넘어가는 게 없다. "집을 좋아합니다"라는 말이 매우 인상적이었다.

2

홀가분하게 물건 처리하는 법

쓸모 있는
재고 정리 요령

왜 물건을 쉽게 버릴 수 없을까?

인정하고 싶지 않은 실패

정리수납 서비스를 하러 고객 집을 방문하면서 매번 마주하는 사실이 있다. 그들에게는 '좀처럼 포기하지 못하는 물건'이 있으며, 그 물건들에는 공통점이 있다는 것. 바로 실패, 후회, 반성의 감정이다.

예를 들어, 취미로 시작했다가 도중에 그만두고 방치된 수예 도구나 쿠킹 도구들. 필요할 때마다 샀는데 집 어디엔가 늘 비치돼 있던 끈이나 봉투 등 온갖 소모품들. 심지어 앞으로 떨어질 것을 대비해 사둔 여벌 속옷이나 양말 등도 많았다.

이런 사람들에게 물건을 처분하는 행위는 곧 자신의 실패를 인정하는 일이다. 이것은 누구에게도 결코 유쾌하지 않다. 보고도 못 본 척, 몇 년을 갖고 있던 이유가 바로 이것이다. 언젠가는 쓰겠지, 실패한 경험을 남기기 싫다, 잊고 싶다 등등의 마음이 모여 사용하지 않는 물건을 쌓아둔 채 무용지물로 만든다.

처분하면 쇼핑 방식도 변한다

그 마음을 이해 못하는 건 아니지만 그렇다고 구매에 실패한 물건을 쌓아두기만 하면 집안이 너저분해져 생활이 어렵다. 마음속에도 안 쓰는 물건 망령이 들어앉아 머뭇거리게 만든다.

아픔을 동반하는 작업이지만 맘먹고 한 번은 제대로 정리하고 처분할 필요가 있다. 수납할 내용물을 전부 꺼내 '실패의 산물'을 확인하고 정리하자. 이때 '나중에 쓴다'는 생각은 금물이다. 지금까지 쓰지 않은 물건을 나중에 다시 쓸 리가 없다. 아깝고 속상하겠지만 그 아픔을 가슴에 새겨야 이후 안이하게 쇼핑하는 습관도 사라진다. 나도 수없이 많은 물건을 버려봤다. 그래서 물건이 많으면 제대로 사용할 수 없다는 것을 빨리 깨달은 건지도 모른다.

요즘 나의 고객들에게 가장 많이 듣는 말은 '물건을 함부로 사지 않게 되었다'이다. 물건을 버림으로써 생기는 가장 큰 이점은 물건을 함부로 사지 않게 되는 것이다. 하나하나 따지면 작고, 액수가 적다 해도 그것이 평생 쌓이면 만만치 않은 규모와 비용이다.

재고 정리를 반복하다보면

이렇게 수납과 정리를 1년에 한 번, 3년에 한 번 간격으로 반복하자. 1장에서도 말했지만 우리를 둘러싼 모든 것은 세월과 함께 변한다. 해를 거듭하면서 환경도 취향도 바뀌는 법이다. 필요한 것, 중요한 것도 나도 모르게 변한다.

정리를 반복하면 집이 깨끗해지는 동시에 자신의 변화를 깨닫는 계기가 된다. 또한 '지금의 나'에게 초점을 맞춘 물건을 취사 선택하게 되고, 정리와 검토를 반복하는 동안 가진 물건을 편집, 정리하는 능력도 함께 커진다.

받는 물건에 주의하자

물건에는 자신이 직접 선택한 것과 예상치 않게 밖에서 들어오는 것이 있다. 그 둘 모두 자신의 물건이 된다. 예컨대 차나 커피를 선물받은 경우 평소 비축분보다 훨씬 많아진다. 따라서 '일단 가지고 있는 것을 먼저 소비한다' '남은 양과 재고를 수시로 확인한다'는 원칙이 있으면 쓸데없는 구매를 막을 수 있다. 정기적인 점검이 중요하다.

내가 처분하지 못하는 것 1호!
대학 시절 풋살 동호회의 유니폼. 많은 추억이 묻어 있다.

물건의 적정량과 버릴 시점 파악하기

집에 있는 것과 필요한 것은 다르다

지금 집에 있는 물건의 양이 그 집에 가장 적합한 양은 아니다.(집에 있는 양≠필요한 양) 식기장에 가득한 컵, 서랍장에 쌓아둔 수건, 스타킹이나 냄비 등을 떠올려보자. '원래 이 정도는 갖고 있었다'는 생각은 단순한 선입견일 뿐, 실제로 반복해 쓰는 건 그보다 훨씬 적다. 당장 양을 줄여도 전혀 곤란하지 않거나 오히려 꺼내 쓰기 편하고 수납하기도 좋은 경우가 많다. 혹 지금 집 안에 불편한 장소가 있다면 한번 '이만큼이 정말 필요한지' 되묻고 '우리 집의 적정량'을 가늠해보길 권한다.

파악하는 방법 ❶ | **생활 사이클, 습관을 파악하자**

가령 팬티 20장을 가지고 있다고 해보자. 매일 세탁기를 돌리는 가정이라면 3장만 있으면 충분하다. 여행이나 여분을 고려해도 5장이면 충분하다. 20장을 한꺼번에 사용하면 20장 모두가 서서히 낡는다. 가진 숫자가 많을수록 물건 하나하나에 대한 주의가 흐트러져 색이 바래고 보풀이 생기기도 쉽다. 그래서야 매번 산뜻한 속옷을 입을 수 없.

지금이라도 10장을 비축해두고 나머지 10장으로 돌려가며 입어보자. 틀림없이 전혀 불편함을 못 느끼고 수납도 수월해지며 꺼내 쓰기도 편할 것이다. 적정량을 쓰다 보면 낡았을 때 한꺼번에 새것으로 교체하기도 쉽다. 하지만 너무 많은 양을 한꺼번에 쓰면 교체 시기도 늦어지고 바꾸려면 비용도 많이 든다. 나이를 먹을수록 드는 생각은 속옷은 낡지 않은 좋은 걸로 입고 싶다는 것.

파악하는 방법 ❷ | **'언젠가'의 언제는 대체 언제인가**

문구류나 옷, 머플러 등 보존만 잘하면 언젠가는 쓸 것 같은 물건은 필요 이상으로 많이 보관하는 경향이 있다. 메모장이나 필기도구 등도 마찬가지다. 싸고 좋다고 20권을 사둔다면 언젠가 사용할 날이 정말 올까? 오히려 관리가 소홀하여 여기저기 보관하게 되고, 20권이나 있어도 다시 사게 될 확률이 높다. 관리할 수 있는 양을 한눈에 파악할 수 있도록 한데 모아놓자.

가득 꽂혀 있는 펜.

출발 대기 중!

역할이 중복되는 펜이나 사용하지 않는 펜은 '예비용'으로 표기하여 보관하자. 비축 양이 정해져 있어서 더 살 마음이 생기지 않을 것이다.

현역으로 사용할 펜을 정하고 그것만 여유롭게 수납.

파악하는 방법 ❸ | **'현역 선수'와 '대기 선수'를 구분한다**

연필꽂이나 서랍에 가득 들어 있는 펜은 찾을 때마다 짜증이 난다. 아마도 적정량을 가장 초과하기 쉬운 물건의 전형적인 사례가 아닐까 싶다. 애용하는 펜만을 모아놓으면 몇 자루로도 충분하다. 꽂혀 있는 것이 적으면 원하는 펜을 찾기도 쉽다.

늘 사용하는 '현역 선수'를 제외한 나머지는 지퍼백에 넣어 '예비 펜'이라고 적어놓자. 현역 선수를 선택할 때 자신에게 정말 필요한 펜을 정하고 비축분을 확인해두면 외출해서 함부로 필기구를 사지 않는다.

혼다 부부의 적정량
우리는 이렇게 산다

목욕타월
4장

한 번 쓰고 세탁한다. 부부가 한 장을 사용할 때도 있다. 색이 바래면 한꺼번에 교체한다.(약 1년 반에 한 번꼴)

세면타월
5장

얼굴을 닦으면 곧 세면대나 거울을 닦고 세탁기에 넣는다. 뽀송해서 기분 좋게 사용하고 세탁도 쉬운 작은 타월.

식탁행주
3~4장

12장 세트를 사서 3~4장씩 꺼내 사용한다. 싱크대 하부장에 걸린 가방에 수납하고 하루 사용하면 세탁기로 보낸다. 낡으면 걸레로 사용한다.(무인양품/12장 세트 40×40cm)

식기행주
2장

매우 튼튼하여 오래 사용한다. 부드럽고 잘 마르고 흡수성도 촉감도 매우 좋다. 식기는 자연건조를 하기 때문에 이틀에 한 번 세탁한다.

욕실매트
2 장

처음에는 fog 제품으로 한 장을 사용했는데 마르지 않는 일이 있어 무인양품 제품으로 추가 구매했다. 보통은 세탁기에 달린 바에 걸어 건조해 1주에 1~2회 세탁.

손 닦는 수건
5 장

부엌과 세면실 두 곳에 걸어둔다. 닦을 때 감촉이 좋고 빨리 마르고 사이즈가 작고 고리 구멍까지 있어 완벽하다. 무늬가 인테리어 요소가 되기도 한다.

손수건
5 장

남편과 공통으로 사용하기 때문에 정장과 잘 어울리는 디자인으로 골랐다. 처음에는 한 장으로 시작해 마음에 드는 것을 추가 구매하여 3장이 되었고 남편도 쓰면서 5장이 되었다.

우리 집 물건의 구매 원칙

한 카테고리 물건은 가급적 한 브랜드로 통일한다. 여러 브랜드가 섞여 있으면 고가 물건이 낡았을 때 처분이 어렵기 때문이다. 한 종류로 최소한 몇 장을 유지하면 모든 물건을 공평하게 사용할 수 있고 낡았을 때도 쉽게 처분할 수 있다. 양이 너무 많으면 수납 공간을 차지할 뿐 아니라 세탁 빈도를 낮춘다는 안 좋은 점도 있다. 세탁물이 쌓이면 말릴 때 공간도 많이 차지하기 때문에 생활에 불편을 초래한다.

세어보자 | 신발 Total 14켤레

일상용 8켤레

처분 이유 ①
하나 정도 지니고 싶은 스니커즈. 하지만 끈을 묶는 게 너무 성가셔서….

스니커즈×2, 사보×2, 구두×3, 앵클부츠×1

소유물의 개수와 양을 파악하자

수를 파악해야 하는 이유

특별한 패셔니스타가 아니더라도 막상 가진 옷을 세어보면 100벌이 넘는 사람도 많다. 지금 옷장을 열고 숫자를 한번 세어보라. 아마 상상 이상일 것이다. 숫자가 막연하면 자신이 소유한 물건의 양이 얼마인지 가늠하지 못한다. 물건의 수를 알고 객관적인 데이터를 파악하면 쇼핑할 때 냉정한 판단이 가능하다. 또한 갖고 있는 모든 것을 펼쳐놓음으로써 불필요한 물건을 골라내거나 나쁜 버릇을 발견하는 기회가 되기도 한다.

특수화
6켤레

처분 이유 ②
장례식에 신고 가려고 두 었는데 그사이 너무 낡아 새것으로 교체할 예정.

장화×1, 등산화×1, 샌들×2, 정장구두×2

처분 이유 ③
과거 한여름에 신었던 신발. 발이 차서 더 이상 맨발로 다니지 않게 됐다.

구두의 수와 반성

구두는 '용도별'로 가질 필요가 있는 물건이라 대폭 줄이기 어렵다. 하지만 은근히 부피가 커서 공간을 많이 잡아먹는다. 따라서 지금 신는 현역 선수를 뺀 나머지는 골라내자.

갖고 있는 구두를 모두 꺼내놓아 보자. 이것만으로도 새로운 점을 발견할 수 있을 것이다. 생각보다 너무 많다거나 완전히 잊고 있던 추억 속의 신발이라거나. 여러모로 자신을 돌아보는 좋은 재료가 된다.

3켤레, 처분했어요!

Total 11켤레로!

세어보자 | 옷 Total 84벌

갖고 있는 옷의 숫자 세기

옷의 숫자 세기는 2년 전 시작했다. 그동안 새로 구입한 옷이 있으니 전체적으로 숫자가 늘었을 거라고 생각했는데 결과는 거의 같았다. 의식적으로 낡거나 입지 않는 옷을 그때그때 처분했기 때문일 것이다.

그래도 80벌 정도가 나의 적정량이라고 생각했는데 실제론 그보다 적다. 아무리 사계절이 있다고 해도 그 많은 옷을 입는 게 나에게는 거의 불가능하다. 이렇게 옷을 쭉 펴놓고 보면 입지 않는 옷과 잘 입는 옷으로 크게 나뉘는 것을 알 수 있다.

이번에 사진을 찍기 위해 밝은 스튜디오에 놓고 보니 방에서는 눈에 띄지 않았던 얼룩이나 반점, 구멍까지 발견했다! 옷을 펼쳐놓고 보는 작업은 가능한 한 밝은 곳에서 낮에 하길 권한

- 스커트 1
- 원피스 4
- 셔츠·블라우스 9
- 코트 4
- 살로페트 2
- 재킷 1
- 로브 5

다. '이렇게 낡고 해졌다!' 하는 분명한 이유를 알고 처분하면 후회가 없다. 이 기회에 자주 입어 낡은 옷이나 얼굴색과 어울리지 않는 옷 8벌을 처분했다. 앞으로도 이따금 이렇게 돌아보고 자주 입는 옷, 좋아하는 옷만을 소유하고 싶다.

재활용센터로 보낼 옷.

8벌, 처분했어요!

Total 76벌로!

세어보자 | 소품

장신구 세어보기

나의 옷들은 대부분 기본 스타일이라 액세서리나 소품으로 변화를 준다. 옷으로는 어울리지 않는 색상이라도 얼굴에서 멀찌감치 떨어진 구두라면 도전해볼 만하다. 옷이 적어도 소품을 잘 사용하는 사람을 보면 '멋지다!'고 느낀다.

옷을 사지 않는 대신 액세서리는 자주 사는 편이다. 하지만 원칙은 변하지 않는다. 수납할 수 있는 양만큼만 사기. 그때그때 고르기 좋을 만큼의 여유분만 가지는 게 포인트다. 고르기 어렵다, 들어가지 않는다, 수납 공간을 너무 차지한다 등의 문제가 생기면 모두 꺼내 세어보자.

액세서리 Total 33점

목걸이 5 / 팔찌 5 / 브로치 8 / 귀고리 10 / 반지 5

양말 Total 11켤레

스톨 Total 6장

세어보자 | 식기와 잡화

찻잔 Total 8점

중접시 Total 6점

커틀러리 Total 30점

코스터 Total 11점

| 홀가분하게 산다! 실천해보자 ① | **프랑스인의 삶에 감명받다** |

옷장 안 12벌 돌려 입기

『시크한 파리지엔 따라잡기』라는 책을 읽었다. 작은 서랍장에 옷을 수납하면서 한 벌 한 벌 깨끗하게 빨아서 다림질을 하고 소중하게 다루는 모습에 감명을 받았다. 적은 양을 엄선하는 원칙이 있기에 가능한 일이다.

이후 나도 옷의 양을 한정하고 돌려 입자고 결심했다. 자주 입는 옷을 세어보니 상의가 6벌, 하의가 6벌이어서 12벌로 도전해봤다(속옷은 숫자에 포함시키지 않았다). 1개월에 한 번 정도 돌아보며 옷을 점검해보자.

Tops

① 감색 니트 튜닉(evam eva) ② 가는 줄무늬 리넨 블라우스(fog linen work) ③ 줄무늬 민소매 셔츠(LE GLAZIK)
④ 흰 셔츠(nookstore) ⑤ 가는 줄무늬 리넨 블라우스(ARTS&SCIENCE) ⑥ 흰 민소매 니트(iliann loeb)

선택한 12벌을 기준으로

같은 역할을 하는 옷은 하나로 충분하다. 쇼핑할 때와 마찬가지 이치로, 비슷한 옷이 많아지면 고르는 시간이 길어지고 바쁜 아침 시간에도 부담이 된다.

12벌은 얼핏 적은 수 같지만 이리저리 맞춰 입으면 꽤 다양하게 코디할 수 있다. 안에 받쳐 입는 옷의 색상이나 액세서리를 바꾸면 그 폭이 한층 더 넓어진다.

전체 옷 중에서 12벌을 고르는 기준은 간단하다. '무심코 손이 가는 옷'이다. 무심코 손이 간다는 건, 맞춰 입기 쉽거나 좋아하거나 쉽게 입을 수 있다는 뜻이기 때문이다. 그런 옷을 엄선해 소수정예팀을 만들면 '실제로는 필요 없던 옷'이 두드러지면서 동시에 12벌이면 충분하다는 사실도 깨닫게 된다.

bottoms

⑦ 검정 와이드 팬츠(CHICU+CHICU5/31) ⑧ 줄무늬 크롭트 팬츠(mizuiro ind) ⑨ 감색 리넨 살로페트(atelier naruse)
⑩ 감색 플레어 스커트(MARGARET HOWELL) ⑪ 흰 크롭트 팬츠(MARGARET HOWELL) ⑫ 청바지(YAECA)

12벌 돌려 입기

오늘은 무엇을 입을까?

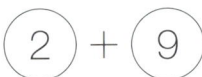

마음에 쏙 드는 살로페트는 특별히 코디에 신경 쓰고 싶지 않은 날에 활약한다. 양말에 포인트.

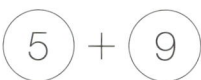

살로페트의 상반신 부분을 늘어뜨려 크롭트 팬츠 스타일을 연출.

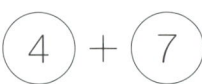

셔츠와 와이드 팬츠의 심플한 조합. 색상도 화이트와 블랙으로 깔끔하게.

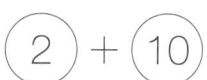

스커트 길이가 길므로
상의는 짧은 것을 선택
하여 조화를.

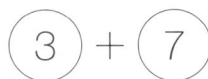

존재감이 있는 줄무늬 블라우스는 심플하여 와이드 팬츠와 잘 어울린다.

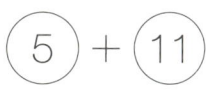
+ Stole

한 장에 3색이 들어간 스톨을 고르면 코디가 화려해진다.

① + ⑫
+ Parka

네이비는 입으면 차분한 분위기를 연출하는 색상. 파카를 걸치면 활동적으로 보인다.

⑥ + ⑫
+ Outerwear, Stole

베이식한 아우터는 쓰임새가 많은 아이템. 어떤 옷과도 잘 어울리고 걸치기만 해도 멋있다.

③ + ⑪
+ Outerwear

강렬한 색깔의 양말로
밋밋함을 상쇄했다.

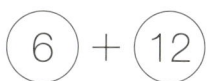

+ Outerwear

세탁 실수로 줄어든 데님. 버리지 않고 양말이 보이도록 입어 경쾌함을 연출.

+ Stole

흰 바지는 입기만 해도 경쾌하다. 스톨은 얼굴 주변의 톤을 높여준다.

12벌로 1개월간 코디해봤더니

해보길 잘했다. 우선 적은 수로 돌려 입기 때문에 한 벌 한 벌 오염이나 주름에 매우 민감해져 세탁과 다림질에 더 신경을 쓰게 됐다. 또 옷을 살 때 기준이 이전보다 엄격해졌다. '지금 갖고 있는 12벌 중에도 입지 않는 옷이 있는데 더 살 필요가 있을까?' 하고 묻고 냉철하게 판

6 + 9
+ Outerwear

흰 로브를 입으면 상쾌한 인상을 준다. 기본 색상 위에 칼라 소품이 포인트.

단하게 된 것이다. 무엇보다 좋아진 점은 코디 때문에 고민하는 시간이 단축되었다는 것! 선택지가 적으니 결정도 한결 쉬워졌다. 아침 시간이 한결 편해졌다. 처음엔 12벌이 너무 적지 않을까 염려했는데 막상 해보니 그중에서도 입지 않는 옷이 있다는 사실도 깨달았다. 반년이 지나도 입지 않는 옷은 처분해도 후회가 없을 것 같다.

홀가분하게 산다!
실천해보자 ②

가방 안 물건 총정리

지금까지 현역으로 뛴
소지품들. 의심스러운 것은?

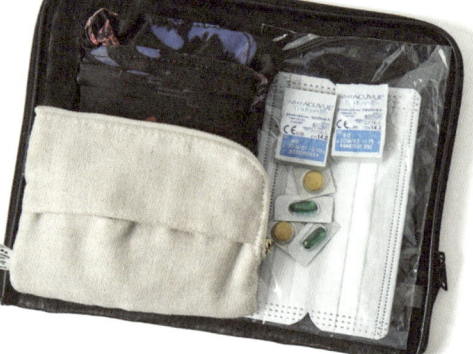

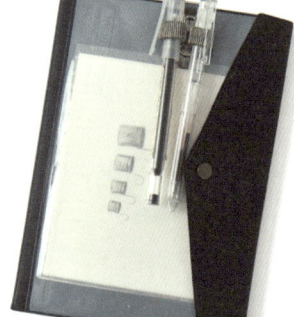

더 가볍게!
더 줄이고 싶다!

① 화장품 파우치(파운데이션과 볼터치, 립글로스, 네일오일, 안약) ② 명함집(선물 받은 것) ③ 메쉬 파우치(상비약, 예비 콘택트렌즈, 에코백, 반창고 등) ④ 수첩(이것 한 권뿐) ⑤ 지갑(ARTS&SCIENCE) ⑥ 키홀더(매달면 열쇠가 보이지 않는 디자인이 마음에 든다. entoan)
⑦ 휴대전화 ⑧ 손수건(R&D.M.Co)

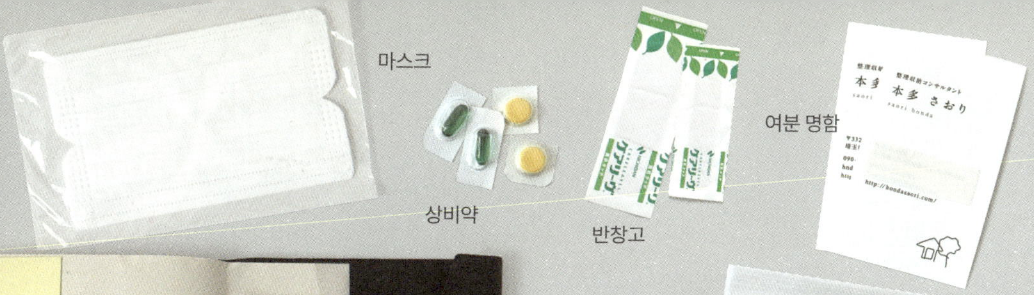

마스크

상비약

반창고

여분 명함

③의 메쉬 파우치
자세히 들여다보기!

지퍼백에 넣는다

수첩에 끼운다!

화장을 자주 고치나?
…별로 고치지 않는다
…파우더를 사용해볼까?
☞ 휴대용 파우더를
무인양품에서 발견!

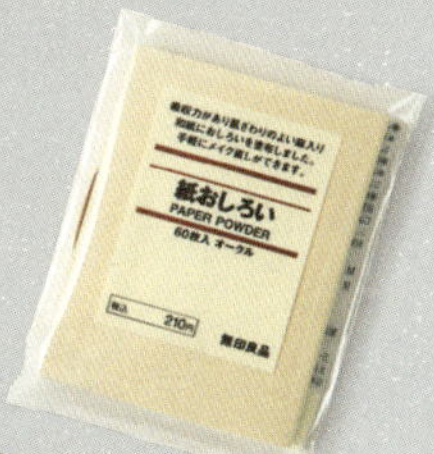

①의 화장품
파우치 자세히
살펴보기!

측면 공간이 있어
꺼내기 쉽다.

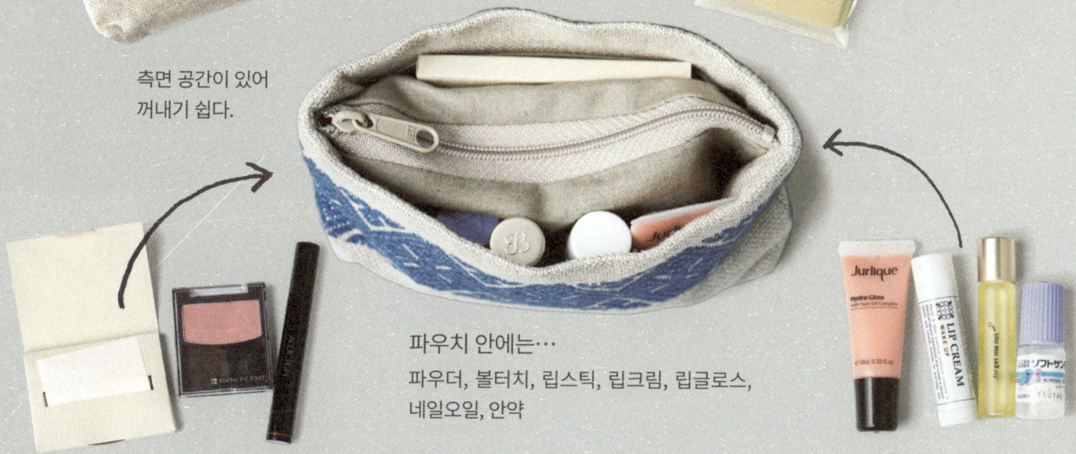

파우치 안에는…
파우더, 볼터치, 립스틱, 립크림, 립글로스,
네일오일, 안약

조금 더
홀가분해졌다

지금 활약 중인 선수들!

후회하지 않는 물건 처분법

물건을 정리할 때 '이 물건이 필요하다' '필요하지 않다'는 생각까지는 비교적 쉽게 갈 수 있다. 문제는 '사놓고 5년 동안 두어 번밖에 안 썼네. 버려야 하나?' '한 번도 안 썼네? 이걸 왜 샀더라?' 등, 물건과 마주했을 때 드는 여러 가지 고민이다. 집 안의 물건이 한두 가지가 아니므로 이렇게 생각이 많아지면 처분을 주저하게 된다. 그 틈으로 '아깝다' '버리면 또 사게 되는 거 아냐?'라는 생각이 끼어들면, 생각하기가 귀찮아져서 그대로 두기도 한다. 그럴 때 몇 가지 선택지가 있어 소개한다.

보자기에 싸놓는다

'좋아하던 물건인데 사이즈가 맞지 않는다'는 등의 이유로 처분이 망설여진다면 일단 보자기에 싸고 날짜를 적어 라벨링한다. 이렇게 해놓았던 사람 80퍼센트가 1년 이내에 보자기 안

이런 식으로 보자기에 싸 잠시 둔다.

나중에 열어보면 그다지 쓸 만한 게 없다. 실제로는 처분할 물건들.

물건을 처분했다. 보자기를 열었을 때 내용물이 빛바랜 걸 실감할 수 있다. 싸놓으라고 했을 때 '왜 일부러 보자기에 싸놓을까?' 하고 의문을 가진 사람도 이틀 만에 처분했다. 잠시 재워놓음으로써 필요 없다는 사실을 확인하는 방법이다.

재활용으로 내놓는다

1년에 두 번 계절에 맞춰 옷을 교체할 때 재활용할 수 있는 의류나 책, 잡화를 내놓는다. 무료로 처분해주는 곳에 주거나 일정한 값을 받고 파는 것도 좋은 방법.

필요한 사람이 자유로이 가져갈 수 있는 바구니

나의 경우 누군가 사용해도 좋은 물건은 바로 버리지 않고 바구니에 담아놓는다. 손님이나 지인이 놀러와 "뭐 쓸 만한 거 없어?"라고 물으면 즉시 "여기!" 하며 내놓을 수 있다. 이렇게 하면 물건도 주인을 찾아가고 집 안도 너저분해지지 않는다.

column

이 사람의 물건 소유법 ❸
사쿠라이 요시카츠 씨

에스페란자 구두학원을 졸업하고 구두 주문제작 브랜드 entoan을 설립. 전국에서 개인전을 열어 수주생산 방식으로 구두를 만드는 한편 오오하시 아유미 씨와 콜라보하여 가방을 제작하는 등 다방면으로 활약 중. 구두와 샌들의 중간 형태인 스트라이프 샌들을 애용한다. 키홀더도 여기 제품.

가방 안의 물건은 그 사람을 표현한다!

① 올림푸스 PEN-FV ② RICHO의 GR ③ 백(에타블) ④ 5세 때부터 사용한 동전지갑 ⑤ 직접 만든 지갑 ⑥ 패스 케이스 ⑦ 통장을 넣는 파우치

Q 가방 안을 보여주세요.

사쿠라이 씨가 소중하게 여기는 물건은 중3 때 산 검은색 RED WING의 부츠. 당시 유행이어서 샀지만 가죽의 매력을 아는 계기가 되었다. 하지만 관리하는 법을 잘 몰라서 좀 갈라졌다. '가죽은 소모품이 아니라 오래도록 사용하는 것. 좋은 가죽이면 사용할수록, 관리할수록 색이 변하고 광택이 난다'는 사실을 깨달은 후 헌옷 가게에서 산 70년 된 부츠를 며칠 동안 기름을 칠해 멀쩡하게 다시 신게 됐다. 이 외에 그의 애용품은 5세 때부터 사용한, 외할머니에게 받은 동전지갑으로 지금도 소중하게 사용한다. 올림푸스 PEN은 갖고 싶어 수소문하던 중 운 좋게 집 어디엔가

공방 근처 후도손(不動尊) 경내에서 판매하는 맛있는 '무지개당고'. 계속 사먹었는데 어느 날 중학교 동창이 이 가게를 이어받아 운영하게 된 놀라운 일이!

Q
재구매하는 물건을 보여주세요.

A
무지개당고

동료이자 반려자인 도미자와 치아키 씨와 함께.

Q
이것만큼은 중복해 사도 용서되는 물건이 있다면?

A
워크부츠

갖고 있는 것 중에 많은 비중을 차지하는 워크부츠. 전부 6~7켤레(그 밖에는 눈 왔을 때 신는 신발, 직접 만든 구두, 스니커즈 각 2켤레). 오른쪽 위의 것은 비 올 때 신는 장화. 가볍게 신을 때는 짧은 부츠.

정말 좋다!

숨어 있던 할아버지의 것을 물려받았다. 요즘 제품과는 전혀 다른 필름 카메라로, 당시 사진을 볼 수 있어 흥미롭다. 모든 애장품에 자신의 고유한 스토리가 있다.

사쿠라이 씨는 웬만해서는 새 물건을 사지 않는다. "물건을 수리해 오래 사용하면 새로 사는 것과 다른 기쁨이 있다. 특히 가죽 제품은 그렇다. 나는 그 기쁨을 제공하고 싶다"고 말한다.

column

이 사람의 물건 소유법 ④
아사노 나오코 씨, 아사노 가요코 씨

도쿄 이타바시구에 있는 갤러리 fu do ki의 주인장. 새로운 일본 스타일을 창조하고 발견하기 위한 장으로 부정기적인 전시회, 워크숍, 콘서트 등을 연다. 두 사람은 동서지간. www.fudoki.co.jp

두 사람이 운영하는 갤러리 'fu do ki'의 전시는 열릴 때마다 마음을 자극한다. 지금까지 스톨, 팬츠 등 좋은 물건을 많이 소개했다. 한결같이 기분 좋은 물건으로 나도 구입한 적이 있다.

인상적인 점은 물건의 활용도, 즉 '이건 이럴 때 사용한다' '어떤 식으로 자주' 등을 실제 사용감과 함께 들려준다는 것이다. 예를 들어 니트 양말은 '바닥은 강한 실이라 구멍이 나지 않는다' '튼튼해 세탁 걱정을 할 필요 없다' 등 실생활에 기초한 제품의 포인트를 짚어준다.

범람하는 수많은 물건 중에서 좋은 것을 고르는 센스. 그런 두 사람의 일상 생활을 직접 들어보았다.

좋은 것은 나눈다
쇼킨(正金)의 간장이나 식초는 여섯 병 단위로 직판 구입하여 세 집에서 나눈다. 이오우에 간장가게의 토마토 믹스소스도 나폴리탄이나 치킨라이스의 맛을 더해주어 세 집에서 애용한다. 두 사람이 "맛있어요!" 하는 말을 듣고 한번 먹어보고 싶어졌다.

건축가 나카무라 요시후미 씨가 지은 3세대 주택. 나오코 씨 집과 가요코 씨 집 사이에 시부모 댁이 있고 세 채가 툇마루로 연결되어 있다.

평소 사용하는 가방은 심플해도 그 안에 들어 있는 파우치나 소품에 '즐거움'의 표정이 역력하다.

가방 안의 물건은 그 사람을 표현한다!

Q 가방 안을 보여주세요.

나오코 씨

① 부채(sunul) ② 패스 케이스(PUENTE) ③ 사무실 키홀더(surui) ④ 명함집(센코쿠 유키코 씨) ⑤ 수첩(호보니치. 커버는 센코쿠 유키코 씨) ⑥ 화장품 파우치(가네코) ⑦ 집 키홀더(Dukri) ⑧ 살림용 지갑 ⑨ 개인 지갑(ANDADURA) ⑩ 선글라스 ⑪ 면 파우치(자외선 차단 크림 등) ⑫ 손수건(sunul) ⑬ 백(아트&사이언스)

가요코 씨

① 배낭(노스페이스. 노트북이 들어가는 타입) ② 에코백(아이가 갈아입을 옷이나 과자를 넣는) ③ 파우치(약) ④ 지갑(아트&사이언스) ⑤ 메쉬 파우치(자외선 차단 크림 등) ⑥ 부채 ⑦ 물통

Q
재구매하는 물건을 보여주세요.

가요코 씨

A
AESOP
A.P.C.의 탈취제

탈취제. 화장실이나 세면대에 몇 방울 떨어뜨리면 감귤향이 퍼지면서 기분이 좋아진다. 1년에 한 병꼴로 재구매한다.

나오코 씨

A
무인양품의
겹쳐 입는
티셔츠 &
조미료들

튼튼하고 소매 길이, 목둘레 등이 체형에 잘 맞아 매년 재구매하는 무인양품의 티셔츠. 조미료는 세 집 모두 애용품이 거의 같다. 맛국물, 간장, 참기름 등 좋은 것을 공동으로 구입하여 나눠 쓴다.

물건에 대한 고집이 깃든 갤러리

원래 fu do ki는 시부모가 아오야마에서 시작한 갤러리였다. 10년 전 현재 지역으로 이전해 3년 전부터 두 사람이 운영하고 있다. 작년에 기획한 전시는 '아이가 있어도 좋은 물건을 쓰자'는 콘셉트의 '아이와 즐거운 생활전'이었다. 어린 자녀를 둔 두 사람의 시점이 주효해 이후 젊은 엄마 고객이 늘었다.

그릇이나 가죽 제품 등 다양한 전시를 열지만 주된 소재는 의류나 천으로 만들어진 소품. 마음에 든 것은 바다를 건너서라도 조달한다. 한번은 6세 된 아들을 데리고 라오스에 가 직접 현지의 천 공예품을 준비해 오기도 했다. 머지않아 인도에 가서 면직물도 사올 예정이다. 좋은 물건에 대한 열정으로 뭉친 두 사람이다.

Q
사람은 제각기 무조건 좋아하는 아이템이 있죠. 중복하여 구매해도 좋은 물건을 보여주세요.

가요코 씨

A
귀고리와 냄비 손잡이

귀고리는 고르기 쉽게 널찍한 천에 걸어둔다. 좋아하는 귀고리가 한눈에 들어오는 디스플레이.

나오코 씨

A
꽃병

3년 전부터 꽃꽂이를 배우고 있다. 멋진 꽃병을 발견하면 무심코 구입한 게 꽤 모였다. 수납장은 깊이가 얕아 안쪽에 있는 물건도 다 보인다.

3
물건은 인생의 파트너다

소중한 물건일수록
신중하게 골라
오래 쓴다!

물건 고르기 원칙

가전 제품, 옷, 가방, 그릇, 냄비, 수세미, 문구류 하나까지 지금 내가 가지고 있는 물건을 떠올려보자. 어떤 감정이 생기는가? 물건이 너무 많아서, 혹은 일일이 생각나지 않아서 별 감흥이 없을 수도 있다.

그렇다면 그 물건들이 '좋은 파트너' '단짝 친구'라고 생각해보자. 꼭 필요할 때마다 도움을 주는 든든한 파트너라면 어떨까. 그들이 기다리는 집은 '돌아가고 싶은 집'이 될 것이다. 또한 집에 사랑스러운 파트너가 있다고 생각하면 충동구매를 할 마음도 생기지 않는다. 소중한 파트너라고 생각하면 함부로 다루거나 방치하지 않고 오래오래 정중하게 애용할 수 있다.

반면 무엇을 가지고 있는지조차 모를 만큼 물건이 넘치면 그건 파트너가 아니라 '무거운 짐'이 되어버린다. 집에 돌아와도 긴장을 풀지 못하고 만족감이 좀처럼 생기지 않는다. 이 공허함을 채우기 위해 다시 새로운 물건으로 눈을 돌리면 물량의 수만 늘리게 된다.
집 안을 '기분 좋은 파트너가 있는 쾌적한 장소'로 만들기 위해서는 진짜 파트너가 될 물건만을 엄선하여 들여야 한다. 예를 들어 최근 나는 노란색 양말이 필요해졌다. 노란 양말을 가져본 적이 없고, 선명한 색깔을 소품으로 이용해보고 싶다는 생각이 들었다. 옷을 정리하다 보니 가진 옷과도 잘 어울릴 것 같았다.

노란색 양말은 어렵지 않게 찾아냈다. 그러나 사지 않았다. 양말 한 켤레도 색감, 발목에 감기는 느낌, 길이, 소재 등 생각할 거리가 있다. 이런 조건을 모두 충족하는 양말이 아니었고, 그 후로도 나의 파트너가 될 만한 노란 양말을 찾기까진 시간이 꽤 걸렸다.
이처럼 '바로 이것이야!'라고 판단되는 물건을 만나려면 자기만의 물건 선택 원칙이 필요하다. 내가 정한 여덟 개의 원칙은 다음과 같다.

Rule 1 | 진짜로, 반드시 필요한지 심사숙고한다

일반적으로 물건을 구매하는 패턴은 크게 다음과 같이 여섯 가지로 분류할 수 있다. ①갖고 있지 않은 물건을 산다. ②있지만 새걸로 교체한다. ③부족분을 보충하거나 늘린다. ④식재료 등 소모품을 산다. ⑤필수품은 아니지만 소유하고 싶어 산다. ⑥사람과의 관계 때문에 받거나 구입한다. 이 가운데 ⑤번 소유욕을 채우기 위한 쇼핑은 가급적 피해야 한다는 건 누구나 잘 알 것이다. 주의해야 하는 것은 ①번이다. 나의 경우 어떤 물건의 필요성을 세 번 정도 느끼기 전에는 절대 새것을 들이지 않는다. 사진 속의 유단포 덧신도 수족냉증 때문에 진작부터 사고 싶었는데 참다가 세 번 신어본 뒤에 구매를 결정했다. 물건이 늘어나는 것에 대한 경계로, 유단포 덧신의 효능을 1년간 저울질하며 고민했다.

Rule 2 | 자신에게 프레젠테이션한다

사고 싶고 눈에 밟히는 물건이 생기면 머릿속에서 회의와 발표를 해보자. 맘에 드는 커피 필터 홀더를 발견했을 때 머릿속에 까다로운 상사가 나타나 "정말 필요해?"라고 묻는다. 또다른 나는 냉정하게 프레젠테이션을 시작한다. 필요한 이유를 설명하는 것이다. "이 홀더가 있으면 필터를 꺼내오는 번거로움이 사라진다" "지금까지 본 것 중에 가장 기능적이다" "자석을 이용해 붙일 수 있는 타입인 데다 디자인이나 심플함이 돋보인다" "매일 사용하는 것이니 좀 비싸도 유용할 것 같다" "가격이 적당하다" 등. 이렇게 스스로 프레젠테이션을 하고 난 뒤에도 구입을 결정했다면 후회할 일은 좀처럼 생기지 않는다. 중요한 쇼핑이라면 이런 프레젠테이션을 충분히 한 뒤 시작하는 게 좋다.

Rule 3 | 과거의 실패를 반영한다

부끄럽지만 이 세 가지는 실수로 산 물건이다. 몽벨의 랩스커트는 '스포티하고 아웃도어로도 활용할 수 있겠다'는 생각에 구입했다. 드라이어는 뻗친 머리를 정돈하기 위해서, BB파우더는 화장하기 귀찮을 때 쓰려고 구입했다. 그런데 나는 원래 스커트를 잘 입지 않고, 머리가 뻗치면 묶고, 화장이 귀찮으면 아예 하지 않는 성격이다. 한마디로 모두 나의 성격이나 습관과 맞지 않는 것을 산 셈이다. 게다가 다른 용도로 활용할 수도 없는 제품이었다.

나는 이렇게 구매에 실패한 상황을 잘 파악해보고 같은 실수를 반복하지 않으려고 한다. 그러기 위해서는 자신의 실패를 순순히 인정하는 마음이 중요하다.

Rule 4

여러 용도로 활용할 수 있는 것

멕시코산 메르카도 백(비닐로 엮은 것. TLACOLULA)

1년에 몇 번도 바다에 가지 않는 사람이 '비치백' 즉 물놀이용 가방을 가지고 있다면 어떨까? 아마 360일 이상 공간만 차지하는 애물단지가 될 것이다. 보이지 않는 어딘가 박혀 있어서 정작 바다에 갈 때는 갖고 가지 못할 확률도 높다. 하지만 그 가방이 동네나 슈퍼에 나갈 때, 또 평소 수납용으로 쓸 수 있는 기능과 디자인을 지녔다면 어떨까? 같은 '가방'이라도 그 기능에는 하늘과 땅만큼의 차이가 있다.

내 물건은 대부분 다용도로 활약하는 심플한 형태가 많다. 환경이 바뀌고 생활 스타일이 달라져도 오랫동안 사용할 수 있는 것들이다. 물건을 선택할 때는 그런 파트너를 원해야 한다.

Rule 5 | 자신의 소비량을 파악한다

화장대나 드레스룸에 화장품이 산더미처럼 쌓여 있는 사람이 많다. 살펴보면 개봉해 절반쯤 남아 있는 것들이 대부분이다. 오래된 화장품을 맨살에 바르는 건 왠지 찜찜하다. 그런데도 이런 사태가 생기는 이유는 '맘에 드는 신제품을 써보고 싶다' '덤으로 받았다' '기분 전환을 위해 그냥 샀다' 등 소유욕에 맞춘 쇼핑을 했기 때문이다. 집에 얼마만큼의 화장품이 남아 있는지 파악하지 않은 것이다.

포인트는 하나의 화장품을 얼마 동안 쓰는지 파악하는 것. 나는 케이스에 개봉일을 적어 라벨링해둠으로써 'ㅇ개월에 1병'인지 파악한다. 식재료도 마찬가지다. 소비량보다 많이 사면 당연히 유통기한을 훌쩍 넘겨버린다. 자신의 적정 소비량을 파악해 계획적으로 쇼핑하자.

Rule 6 | 좋은 물건을 고르는 센스를 키운다

유독 좋은 물건을 고르는 센스를 지닌 사람들이 있다. 그런 심미안이 있는 사람들이 무척 부럽다. 하지만 나도 나날이 발전하고 있다. 실패 경험을 토대로 조금씩 나아지고 있으니까.
심미안을 갖추기 위해서 종종 백화점 리빙 코너를 방문한다. 갈 때마다 매서운 사냥꾼의 눈으로 맘에 드는 물건이 있는지 탐색한다. 그중에서도 집에서 입는 옷 코너는 반드시 들른다. 집에서는 아무 옷이나 입기 쉽지만 매일, 가장 오래 입는 옷이기 때문에 내겐 무척 중요하다. 그 옷 하나가 기분을 크게 좌우하고, 맘에 들면 저절로 행복해진다.
좋은 걸 자꾸 봐야 실력도 는다. 그런 안목을 가질 때까지 꾸준히 물건들을 보러 다니면서 센스를 키우고 싶다.

Rule 7

가치가 있다면
그만큼 투자한다

품질이나 기능, 디자인까지 맘에 쏙 드는 물건은 대개 비쌀 때가 많다. 그래도 나는 소중하게, 즐거운 마음으로 오래 사용할 것을 생각하면 미래에 대한 투자라고 생각한다. 너무 비싸면 안 되겠지만 좋은 물건과 오래 잘 지내는 어른이 되고 싶은 마음도 크다. 그래서 나름의 훈련을 한다.

고가의 물건을 살 때는 평소보다 신중해지고 물건을 앞에 두고 무척 심사숙고한다. 그런데 좀 비싸도 오래 쓸 수 있는 품목이라면 지출 총액으로 보아 높지 않다. 싼 물건을 자주, 많이 소비하는 사람이 오히려 더 많은 돈을 쓸 가능성이 있다.

사진은 큰맘 먹고 장만한 아트&사이언스의 원피스. 좋아하는 옷은 밝은 날이든 궂은 날이든 자주 입고 싶어진다. 입을 때마다 다른 표정을 가진 옷, 실루엣이 아름답고 심플해 질리지 않는 옷이다. 들인 금액이 형편에 비해 고가였지만 기분 좋은 착용감, 디자인, 가볍게 빨아 입을 수 있는 기능성 등 내겐 완벽하다. 일상을 황홀하게 만들어준다.

Rule 8
여행지에서의 일기일회

브로치 | 마츠모토
마츠모토에 방문할 때마다 반드시 들르는 잡화점 'coto.coto'. 심플하지만 재미있는 이미지, 차분한 색상이 마음에 들었다.

장식품 | 마츠모토
마츠모토 '10cm'에서 한눈에 반해 구입했다. 작은 우리 집에서도 장소를 가리지 않고 어디든 놓을 수 있는 작은 오브제.

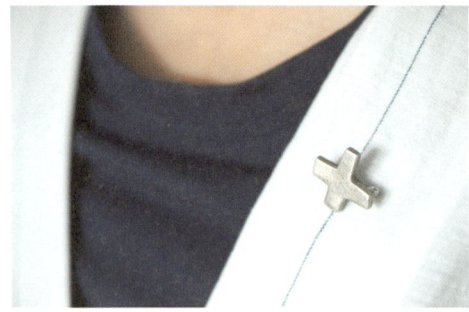

브로치 | 나고야
나고야의 잡화점 'mokodi'에서 만난 심플한 십자형 브로치. 어떤 옷이든 잘 어울릴 것 같아 구매했고 실제로 가장 자주 활약하는 브로치다.

생활 여행자인 내게 여행이란 평소와 다른 장소에서 의식주를 즐기는 행위다. 그리고 여행지에서 생활을 발견하는 것도 큰 기쁨 중 하나다. 여행지에서 얻은 물건은 추억도 함께 가져오는 거라 더 애착이 간다. 좋은 물건과의 일기일회를 놓치지 않기 위해 평소 마음에 드는 가게나 작가에 대한 정보를 저장해둔다.

조명 | 아시야

이전부터 마음에 두었던 효고 현 아시야 시의 조명가게 'flame'. 작품 실물을 보고 싶어 일부러 찾아갔다. 수공예 유리 갓이 청명하여 마음에 들었다. 코드 길이도 조절해준다.

간접조명 | 후쿠오카

'krank original lamp'. 낡은 부속을 조합하여 만든 램프로 후쿠오카에 있는 가게에서 발견했다. 예전부터 원하던 독서용 램프로 소파 위에 설치.

문을 장식한 작은 꽃병 | 후쿠오카

비행기 탑승까지 시간이 남아 불쑥 찾아간 후쿠오카의 잡화점. 나무로 된 꽃병인데, 자석이 달려 있어 현관문에 붙일 수 있어서 구입했다. 자석이 붙는 장소라면 어디든 가볍게 설치할 수 있어 즐겁다.

am 6:00
기상

어느 하루의 물건과 생활

자명종은 스마트폰의 알람을 이용하고 베갯머리의 시계는 시간이 잘 보이도록 놓아둔다. 한밤중 잠이 깼을 때도 확인할 수 있다.

프리랜서로 일하는 내겐 정해진 시간이란 없다. 그래서 자유롭게 시간을 쓸 수 있지만 의외로 관리가 쉽지 않다.

목요일은 '운동하는 날'로 정해 두 가지 운동을 배우러 가고 틈틈이 일과 집안일을 하고 있다.

또 멍하니 시간을 보내는 날도 '자투리 시간'이 생기면 잡무나 업무에 몰두할 수 있어 신기하다.

여기서는 '운동하는 날'의 생활과 물건의 관계를 보려고 한다.

이불만 갠다. 이불(무인양품)을 옷장에 넣는 건 남편 몫이다. 교체할 시트를 비축하지 않고 날씨가 좋은 날을 골라 세탁한다.

am 6:05
취사 & 환기

전날밤 쌀을 씻어 냄비에 담아 둔 것을 불 위에 올린다. 센불로 10분, 뜸 들이는 데 10분.

커튼(무인양품)과 창을 열어 신선한 아침 공기가 들어오게 한다.

화장실에 간 김에 아로마 램프(MARKS&WEB)에 민트 아로마 오일을.

냉장고에서 재료를 모두 꺼낸다. 밀폐용기에 준비해둔 재료로 즉시 조리한다.

am 6:10
남편 도시락 싸기

am 6:15
주스 만들기

냉장고에서 바나나, 키위, 시금치 등 과일과 채소를 꺼낸다.

2년 넘게 꾸준히 이어온 부부의 아침 습관이다. 이후 남편의 피부도 좋아졌다.

재료를 세팅하고 두유, 꿀을 넣어 믹서(무인양품)로 간다.

세제와 물을 조금 넣어 믹서 설거지도 바로.

am 6:45
라디오 켜기

남편이 일어나는 시간에 맞춰 FM라디오를 켠다. 텔레비전이 없는 우리 집에서는 라디오가 맹활약 중.(CD플레이어/무인양품)

am 7:00
아침식사

남편의 아침을 준비한다. 식사를 마치면 남편을 배웅하고 식기를 정리한 후 여유롭게 혼자 아침식사를.

am 7:45
청소

오전 중 햇살이 좋을 때 청소기(마키타)로 침실 먼지를 없앤다. 여유가 있으면 화장실 청소도 끝낸다.

핸드케어 용품을 담기 위해 구입한, 돛 천으로 만든 박스. 사용하지 않을 때는 납작하게 눌러서 수납한다. 바르고 싶을 때 바로 사용할 수 있도록 테이블 위에.

am 8:00
한숨 돌리기

정리가 끝난 방에서 한숨 돌린다. 커피를 마시면서 신문이나 잡지를 읽는다.

am 10:00
오전 업무 체크

오전 중에 메일 답신 등 일과 관련된 업무를 마친다.

책상이 작아서 위에는 노트북과 마우스, 커피뿐.(머그/이이호슈미코)

집에 들어온 서류를 처리.(문서절단기/아이리스 오야마)

am 10:50
옷 갈아입기

운동복으로 갈아입는다. 입었던 파자마는 임시 보관 상자에 넣는다.

am 11:00
외출 준비

화장이 귀찮아서 늘 외출 직전까지 미룬다.

가지고 나갈 짐을 준비. 오후에는 카페에서 일하기 때문에 노트북이나 자료를 챙긴다. 라임그린 토트백에는 지갑과 휴대전화, 운동용 가방에는 신발, 물통, 갈아입을 옷 등. 모두 세 개의 가방을 가지고 Go!

자, 출발!

am 11:20
물건 챙기기

am 12:00
웨이트 트레이닝
한 주에 한 번 웨이트 트레이닝을 해보길 권한다. 체력 증강! 옷을 갈아입고 이동.

pm 1:15
카페에서 점심식사와 일

돌아오는 길에 있는 카페에서 일을 한다(평균 2시간). 점심도 여기서 해결.

pm 4:45
세탁

귀가하여 세탁 먼저.

pm 5:30
요가 교실로

자전거를 타고 요가 교실로. 자전거 타기도 운동이 된다.

pm 7:20
귀가 & 저녁 준비

미리 준비해둔 재료로 재빨리 저녁식사를 만든다. 도시락을 사올 때도 있다.

pm 8:30
저녁식사

남편이 귀가하길 기다려 식사.(다크그레이 런치매트/무인양품)

pm 9:00
차 한 잔

오늘 있었던 일을 이야기하면서 식후 차 한 잔의 여유.

pm 10:00
입욕

입욕은 30분 이상 느긋하게.
(모미 바스밀크/WELEDA)

pm 11:00
취침 준비

아이폰으로 간단히 메일에 답신을 한다.
(무선 키보드/애플)

pm 11:30
취침

취침 전에 아로마를 뿌리고(초음파 아로마 분사기/무인양품), 스트레칭을 하고 잠자리에….

사랑스럽고
믿음직한
물건이 있다

마치 '일하기 위해 태어난' 것처럼 보이는, 장식 요소라곤 일절 없는 제품에 반하는 편이다. 지나친 디자인보다는 기능성을 중시한 심플한 디자인이 좋다. 요리를 즐기는 이유가 바로 주방용품이다. 성능 좋고 기능미로 가득한 주방용품들이 나를 조리대 앞에 세운다고 해도 과언이 아니다. 특히 스테인리스 제품에 완전히 매료됐다. 그 튼튼함, 가벼움은 아름답다고 말할 만하다.

사람들 눈에 띄기 위한 쓸데없는 장식을 하지 않은 제품은 더욱 믿음이 간다.

나는 물건을 선택할 때, 그것을 만든 사람도 생각한다. 사용자를 생각하고 만든 물건에서는 만든 이의 영혼이 느껴진다. 한 분야의 외길을 걸어온 사람이 만든 물건에서도 애정과 신념이 고스란히 느껴진다. 반면 '일단 팔고 보자'는 느낌이 밴 제품에는 불신감이 든다. 박리다매 제품보다 공들여 만든 제대로 된 제품을 오래 애용하고 싶다.

추천하고 싶은 물건 ①
주방용품

알뜰주걱

후쿠오카의 주방용품 전문점에서 발견했다. 손잡이가 스테인리스로 가볍고 튼튼하다. 고무 부분을 벗기는 타입은 설거지가 성가신데 이건 일체형이라 좋다. 이걸 집에 들이기 전엔 매번 음식물이 냄비에 남아 있었다.(실리콘 알뜰주걱/RÖSLE)

집게

샐러드를 섞거나 파스타를 집을 때, 볶음요리를 담아낼 때 젓가락보다 훨씬 요긴하게 쓰여 우리 부엌에선 없어서는 안 되는 존재다. 철물점에서 발견한 이 집게는 끝에 달린 동그란 부분을 당기면 다물어져 걸거나 수납할 때 매우 편리하다. 디자인이 뛰어난 집게도 가지고 있지만 크게 벌어지는 이걸 더 자주 사용한다.

작은 냄비, 도마 등 기본 아이템을
각기 하나씩 쓰고 있다

계량 스푼

금속 주방용품을 생산하는 '공방 아이자와'의 계량 스푼. 손잡이가 길어서 커틀러리 통에 넣어도 묻히지 않는다. 손잡이 중앙에 긴 구멍이 있어서 고리에 걸 수도 있다. 여러 가지 편리성을 갖춘 제품.(계량 스푼 15cc, 5cc/공방 아이자와)

구이망

늘 가려운 곳을 긁어주는 친구들이 선물해주었다. 구이망은 빵이나 떡을 굽기에 적당하다. 구워지는 상태를 보거나 빵 향기를 맡으며 굽는 행복한 시간을 얻었다. 내 돈 들여 사기에는 조금 망설여지는 도구를 선물해준 친구들의 센스.(손잡이가 있는 세라믹 구이망/가나아미 츠지)

추천하고 싶은 물건 ②
캠핑 용품

캠핑 용품을
집에서도 사용한다

캠핑용 작은 냄비

2인용 된장국을 끓일 냄비를 사려고 검토한 적이 있다. 그러나 0 →1로 물건을 늘릴 때는 신중할 필요가 있다. 곰곰이 생각해보니 캠핑용 냄비가 있다는 사실이 떠올랐다. 필요한 걸 이미 집에 있던 물건으로 대체할 때의 쾌감이라니. 이렇게 이 냄비가 평소에도 활약하게 되고 불필요한 것을 사지 않아도 되어 비용과 공간까지 절약됐다.

이 냄비는 선반 위에 모셔져 있다가 가스레인지 옆 수납 특등석으로 내려왔다. 사용해보니 충분히 만족스러웠다. 야외에서 쓸 만한 건 당연히 집에서도 유용하다.(라이텍 트렉 케틀&빵/PRIMUS)

편리한 미니테이블

가벼우면서도 접혀 운반까지 편리한 아웃도어용 미니테이블을 집에서 다양하게 활용하고 있다. 보통은 조리할 때 물건을 놓아두는 서브 테이블로 이용하는데, 많은 손님이 왔을 때 메인 테이블에 연결하기도 한다. 베란다에서 맥주를 마실 때도 이 테이블을 꺼낸다. 가끔 휴대용 버너를 올려 주먹밥을 굽기도 한다.

어린 시절부터 소꿉놀이가 좋았는데, 생각해보면 캠핑은 자연 속에서 체험하는 진짜 소꿉놀이가 아닐까 싶다. 밖에서 사용하는 용품을 생활에 그대로 가져와도 굿.(My 테이블다케/snow peak)

| 추천하고 싶은 물건 ③
크고 작은 생활용품

지갑

이전에는 ZUCCA의 반지갑을 사용했다. 수납력이 있고 쉽게 꺼낼 수 있는 점이 마음에 들어 8년이나 썼다. 낡아서 못 쓰게 되자 같은 모델로 교체하고 싶었지만 제품 단종. 지폐를 넣는 부분이 반으로 접히는 지갑을 찾다 아트&사이언스에서 발견했다. 카드 칸이 네 개나 있고 용도별로 분류할 수 있어 마음에 든다.

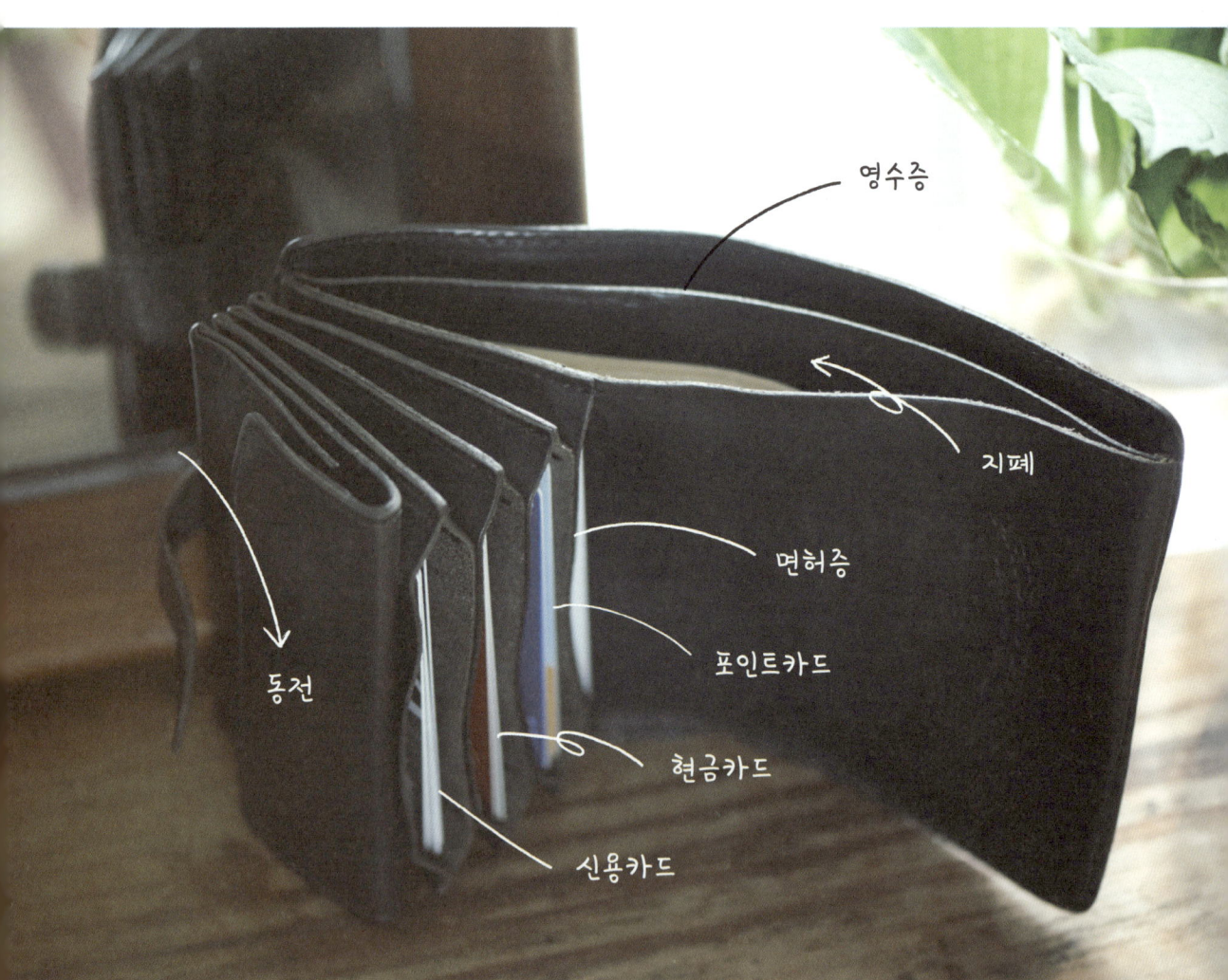

- 영수증
- 지폐
- 면허증
- 포인트카드
- 현금카드
- 신용카드
- 동전

넥타이 행거

올해 발매된 무인양품의 신상품 중에서 가장 인상적이었던 게 이 알루미늄 행거. 시중에 나와 있는 제품은 걸기도, 꺼내기도 불편하다. 내 고객 중에도 좋은 넥타이 행거가 없는지 묻는 사람이 많다. 이 행거는 위에서 걸기만 하면 아래로 잡아당겨 쉽게 꺼낼 수 있는 간단한 방식. 넥타이는 물론 스카프나 가방도 걸 수 있어 활용도가 높다.

보기만 해도
기분 좋아지는 애장품

벽시계
clock

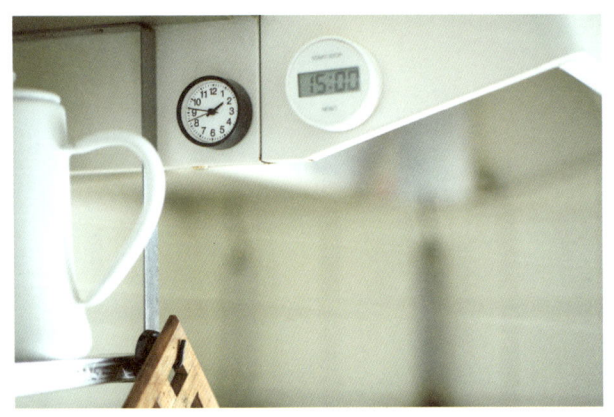

자석이 붙은 작은 시계. 부엌 가스 레인지 후드에 붙여 아침 요리를 하면서 시간을 볼 수 있어 편리하다. 무인양품의 시계는 '공원 시계' '역 시계' 시리즈를 출시하는데 보기에 매우 편한 디자인이다.

모든 물건을 좋아하는 편이지만 특히 '약해지는' 장르가 있다. 이는 내가 생활 속에서 무엇을 중요하게 생각하는지 보여준다.
시계 모양을 좋아한다. 바늘 모양과 문자판이 심플한 시계, '오로지 시간을 알려주기 위해 태어났다'는 듯 실용적 존재감이 돋보이는 것. 특히 역이나 학교 등 공공장소에 있는, '시간이 잘 눈에 띄는' 기능성을 중시한 시계에 반하곤 한다.

chikuni의 알루미늄 시계. 나고야 잡화점 sahan에서 첫눈에 반해서 구매했다. 지금은 화장실에 있는데, 이사를 가면 방에 걸 예정이다.

커피 드립 용품
Coffee

커피 제분기
신혼 초에 구입했다. 막 볶아낸 콩은 역시 향이 좋다!(나이스컷 제분기/Kalita)

커피는 콩을 볶아 직접 내려 마신다. 콩을 볶을 때 방 안이 커피 향으로 가득 차는 게 미치도록 좋다. 향과 함께 행복감이 가득 채워진다. 이런 행복을 위해 제분기는 Kalita의 제품. 원래 영업용 모델인 만큼 기능성과 투박한 모양이 마음에 든다.

콩을 담아두는 용기
우연히 들어간 잡화점에서 한눈에 반한 도자기로 보습성이 뛰어나 커피콩 보관에 굿.(푸드 컨테이너 스퀘어 M/soil)

청소 도구
제분기 주위에 흩어진 커피콩을 이것으로 쓱쓱.(테이블 브러시 세트/Iris Hantverk)

Hario 드리퍼. 결혼 축하 선물로 받은 kono의 서버와 법랑 포트. 없어서는 안 되는 매일의 파트너다.

파우치
Pouch

물건을 한데 담는 파우치는 용도에 따라 다양하게 사용할 수 있다. 크기, 소재에 따라 종류도 다양하다. 고리가 달려 있는 것, 발수 가공이 된 것, 안쪽에 티슈 주머니가 있는 것 등등. 가방 안을 사용하기 쉽게 도와주는 무한한 기능을 한다.

내용물이 보이는 메쉬 파우치는 만능이고, 귀여운 헝겊 파우치도 있다. 옷에 있다면 부담스러울 무늬가 들어간 것도 파우치라면 부담 없이 즐길 수 있다.

사진 윗줄
무늬 파우치(프랑스에서 구입한 선물),
kota 파우치(SyuRo), 메쉬 파우치(무인양품)
아랫줄
티슈 케이스 겸용 파우치(플랜더스 리넨),
가죽 파우치(아트&사이언스),
자수 파우치(민예품)

편지 용품
Letter

편지를 자주 써 보내는 친구 덕에 최근 편지지와 편지봉투에도 흥미가 생겨 조금씩 모으기 시작했다. 편리한 이메일에 비해 편지는 마음에 깊이 남는다. 읽은 뒤에는 노트에 붙여서 수시로 읽는 것도 큰 즐거움이다. 친구가 변화하는 모습과 그녀의 눈을 통해 내가 변하는 모습을 볼 수 있어 흥미진진하다.

나는 글을 쓰는 데 서툴러 그녀처럼 자주 긴 글을 쓰지는 않는데, 작은 편지지를 이용해 어렵지 않게 답장을 한다. 또 업무상 서류를 보낼 때 간단한 인사말을 쓰기도 한다. 최근에는 편지 쓰는 법에 대한 책을 사서 문장들을 참고하고 있다. 상대를 배려하는 의미 있는 편지를 쓸 줄 아는 어른이 되고 싶다.

interview
무인양품이 인기 있는 이유

내가 생각하는 무인양품의 매력은 사용자의 취향에 맞춰 쓸 수 있는 심플하면서도 활용도 높은 디자인이다. 소비자의 시선에 맞춘 상품이라는 생각이 든다. 어떻게 해서 그 많은 제품이 탄생하는지, 개발 담당자에게 직접 이야기를 들었다.

(주)양품계획생활잡화부 하우스웨어 담당 MD개발 히다카 미호 씨.

내가 좋아하는 무인양품 제품들

알루미늄 행거 / 넥타이 · 스카프용 / 약 폭 7×높이 23.5×깊이 5cm

스테인리스 걸이 / 와이어 립 4개들이 / 약 폭 2.0×높이 9.5×깊이 5.5cm

혼다 이 알루미늄 행거(아래 왼쪽 사진)를 처음 봤을 때 '잘 만들어졌다'는 생각에 감동했습니다. 굉장히 심플한 형태인데 사용하는 사람이 각자의 사정에 맞춰 어떻게 사용할지 그 구체적인 방법을 떠올리게 합니다. 무인양품의 상품에는 그런 것이 많은데, 개발은 어떻게 이뤄지나요?

히다카 이미 세상에 나와 있는 제품을 많이 보고, '이걸 좀 더 편하게 만들 수 없을까?' 하고 사내에서 의견을 냅니다. 처음에는 철사를 구부려 간단한 샘플을 만들어보지요. 이렇게 하면 넥타이와 모자, 스카프까지 걸 수 있지 않을까 하고요.

혼다 아, 철사로 시작하는군요! 지금까지 시중에 있던 넥타이 행거는 사용하기 불편하고 그 외에 달리 사용할 방도가 없다는 결점도 있었다고 생각해요.

히다카 와이어 립(아래 오른쪽 사진)도 어떤 용도에 쓰라고 단정해 만든 게 아니에요. 사용법이 한정된 것은 만들지 않으려고 하죠. 그러면 고객들이 우리가 생각한 것 이상으로 여러 용도로 사용해서 상품을 키워주는 셈이에요.

혼다 무인양품은 실제로 사용자들의 '이랬으면 좋겠다'는 목소리를 듣는 시스템이 잘 만들어져 있는 것 같아요.

히다카 만드는 사람과 점포가 직접 연결되어 있다는 강점이 있습니다. 개발 담당자가 아닌 일반 직원도 고객의 의견을 듣고 개발에 종사하는 구조지요. '생활 양품 연구소'라는 사이트에서도 고객들의 요구를 접수하고 있습니다. 뿐만 아니라 가정에서 일어나는 생활을 관찰하고 무엇이 불편한지, 무엇을 어떻게 사용하는지를 봅니다. 예를 들면 랩 케이스는 마땅히 둘 장소가 없다는 분들이 있어서 자석을 달아 냉장고에 부착하도록 했죠. 이미 나온 제품도 수시로 다듬어 더 편리하게 사용하도록 개량하고 있습니다.

혼다 그런 시행착오를 반복하니까 무인양품 상품은 모두 사용하기 편한 거네요.

히다카 사실 이전에는 기존 제품에서 색깔을 없앴던 때가 있었습니다. 도장 과정을 생략하면 비용은 물론 환경 문제에 대한 부담도 줄일 수 있잖아요. 하지만 지금은 생략하는 데서 그치지 않고 필요한 것은 추가합니다. 장기적으로 무인양품이 해야 할 일이라 생각되는 것을 하려고 해요. 사소하지만 꼭 필요한 '가려운 곳'을 긁어주자는 거죠. 수십 번 사용해보고 비로소 '이 방법이 제일 좋다'고 생각될 때까지 고집을 부립니다.

혼다 그렇군요! 그래서 쓸데없는 것은 생략한 것이 외려 사용하기 쉽고 보기에도 좋은 것이군요.

히다카 와이어 립은 "플라스틱은 금방 삭는다"는 말을 듣고 개발을 시작했는데, 원래는 세탁실에서 쓰는 집게 용도지만 과자봉지 밀폐용으로 쓰는 사람도 있습니다.

혼다 아, 그런 사소한 불편함에서 상품 개발이 시작되는군요.

히다카 그렇습니다. 사용에 방해가 되지 않는 디자인에다 튼튼한 스테인리스 소재, 걸 수 있으면 더 좋겠다는 의견이 있어 결국 고리까지 달게 됐지요.

혼다 아, 그러니까 처음부터 거는 목적으로 나온 게 아니군요. 나중에 추가된 기능이라니 뒷이야기들이 무척 흥미로워요.

> **취재를 끝내고…**
>
> 무인양품의 '적당한 친절'이 탄생하기까지는 숱한 시행착오와 무인양품이 해야 할 일이라는 사명감이 있다는 것을 알았다. 사용하는 사람을 철저하게 고려한 제품이라는 점을 실감하고 나니 신뢰감이 더 커졌다. 앞으로의 상품도 기대가 된다.

역시 무인양품!

interview

물건 만들기의 매력을 묻다 ❶

F/style

가게에서 '멋진' 물건을 발견하면 F/style 제품인 경우가 많았다. 패키지나 디자인이 심플하고 물건의 품질이 좋아 눈에 띈다.

오지랖 넓은 도매상

F/style은 일본 내 제조업자와 함께 상품을 개발하고 제조업자가 만든 상품을 소비자에게 유통하는 일을 맡고 있다. 이가라시 호즈

이가라시 호즈미, 호시노 와카나 모두 니가타 출신. 도호쿠 예술공과대학을 졸업한 2001년 봄, 니가타에 F/style을 열었다. 제조 이외에 상품이 유통할 때까지 필요한 모든 것을 하자는 모토로 디자인 제안부터 판로 개척까지 일괄하여 한다. 전통 산업과 '현재'를 연결하여 소비자에게 상품을 보낸다.

한번 신으면 멈출 수 없는 재구매 행렬, '고무밴드가 들어가지 않은 기분 좋은 양말'.(니가타 시 양말공방)

미 씨와 호시노 와카나 씨가 함께 이 일을 도모하게 된 것은 '생산과 소비 과정에서 생기는 위화감' 때문이었다. 상품을 기획하면 제조사에서 물건을 만들어 공급하는데, 팔고 남으면 모조리 할인이나 반품을 하는 관행이 있다. 그렇게 생긴 손해는 모두 제조사가 떠안게 된다. 두 사람은 이 시스템을 벗어나 자신들이 직접 상품을 만들고 팔기로 했다. 방법을 만들고 행동에 옮긴 오지랖 넓은 도매상이 바로 F/style이다.

하지만 놀랍게도 두 사람이 제조회사를 찾아가 상품을 기획한 적은 단 한 번도 없다. 모두 '인연'으로 상담하는 데서 시작되었다. "우리의 브랜드를 널리 알릴 생각은 없다. 단지 지금의 방식으로 물건을 만들고 직원들에게 월급을 지불하는 시스템이 기능하도록 만드는 것이 우리의 일이다. 또 소비자의 입장에서 가격을 생각한다. 내가 산다면 얼마면 만족할까? 이렇게 의식하고 가격을 매긴다."

이런 흔들림 없는 생각으로 전통 산업을 돕는 두 사람. '전통 산업의 역사'나 '어려운 상황'과 같은 스토리를 등에 업고 물건을 팔 생각은 전혀 없다고 한다. "물론 지방의 좋은 기술과 산업이 이어지길 바란다. 그러나 아무리 스토리가 좋아도 100엔숍의 물건이 좋으면 그것으로 됐다. 얄팍한 컨셉으로 물건을 팔고 싶은 마음이 들면 F/style을 그만둘 생각이다. 철저히 구매 가치가 있는 물건을 그에 맞는 가격에 선보이고 싶다."

욕심 부리지 않는 삶

"과한 욕심을 부리지 않고, 근처에서 생산된 것을 섭취하면 평화롭게 살 수 있다"는 말이 무척 인상 깊었다. "제한적 환경에서도 최선을 다한다" "절실하게 필요한 건 신비롭게 다가온다"는 말도. 나는 '많이 갖고 싶다'는 욕심은 없지만 '많이 보고 싶다'는 경험에 대한 욕구는 강한 편이다. 그래서인지 두 사람의 이야기가 마음에 남는다.

호시노 와카나 씨(왼쪽)와 이가라시 호즈미 씨. 두 사람의 꿈은 은퇴 후 지금까지 없던 스타일의 가볍게 식사할 수 있는 식당을 여는 것. 벌써부터 기대된다!

창고. 제품은 상자에 담아 보관한다.

F/style
니가타 시 주오 구 아타고 1-7-6
TEL 025-288-6778
이메일 mail@fstyle-web.net
http://www.fstyle-web.net
쇼룸 개점→월·토요일 11시~18시
*출장이 많기 때문에 임시 휴업하는 날도 있다. 멀리서 올 땐 전화나 메일로 미리 확인하자.

> interview
> 물건 만들기의 매력을 묻다 ❷
> # snow peak

snow peak은 산조 시에 본사를 둔 아웃도어 용품 회사다. 1980년대, 현 사장인 야마이 도루 씨가 시대를 앞서 '오토 캠프'를 제안하면서 인기를 모았다. 이후 자신도 소비자라는 철저한 고객 중심 관점에서 자신들이 직접 쓸 제품만을 만들어 고객의 사랑을 받았다. '인생의 야외놀이'를 모토로 본사에 캠프장을 병설하는 등 폭넓게 활동하고 있다.

사내에는 직원이 자유롭게 이용할 수 있는 공간이 마련되어 있다. 고객 전화를 받는 바로 뒤에서 그 제품의 개발자가 귀를 기울이고 앉아 있기도 한다.

츠바메산조 지구의 주물 성형기술로 만든 가볍고 얇은 단지. 지역의 장인과 함께 제품을 만들 수 있는 선택받은 환경이다. 다음에 살 snow peak 제품으로 정했다.

처음 산 snow peak의 제품은 모닥불 도구였다. 살 때 직원이 설명하길, 그 모닥불 도구는 땅이나 잔디를 상하지 않게 하고 튼튼하여 평생 쓸 수 있다며, 캠핑 도구는 추억을 만들어가면서 함께 가는 것이라고 했다. 회사의 열의가 고스란히 전해져왔다.

만드는 사람이 아닌, 사용자를 위한
창업 당시 철물점 수준이었던 snow peak. 사장은 당시 도쿄에서 회사원 생활을 접고 산조로 돌아왔을 때 '캠핑을 좋아하지만 딱 이거다, 싶은 물건이 없다. 차라리 내가 직접 만들자'는 생각으로 디자인이 뛰어나고 튼튼해 비가 새지 않는 텐트를 개발했다. 당시 판매되는 텐트는 1만 엔대가 많았는데 이 텐트의 가격은 무려 16만 8000엔. 팔리지 않을 것이라는 우려 섞인 말을 들었지만 첫해 100개나 팔렸다. 물건만 좋다면 사줄 사람이 있다는 사실을 눈으로 확인한 순간이었다.
직원들은 모두 아웃도어 생활을 즐긴다. 야외에서 지내면서 '이런 제품이 있으면 좋겠다' 하는 아이디어를 떠올린다. snow peak은 개발 담당자가 기획·디자인부터 비용 계산, 제품 제작까지 모든 것을 담당한다. 개발과에서 일하는 고바야시 씨는 "이전 직장과 달리 여기서는 처음 기획부터 제조까지 내가 책임을 지기 때문에 만들고 싶은 것이 세상에 필요한 것으로 나올 때까지 원칙이 흔들리지 않는다"고 말한다.

든든한 아웃도어 선배
snow peak은 철저한 품질, 소비자에게 맞춘 사용법, 심플하고 기능적인 디자인으로 팬이 많다. 그중에는 '이 제품 개발자는 ○○ 씨'라는 사실까지 알고 있는 팬도 꽤 있다. 만든 사람의 개성이 상품에 그대로 반영되기 때문이다. 이는 생산자와 소비자의 거리가 전혀 없는 '신뢰할 수 있는 회사'라는 증표이기도 하다.
아직 캠핑 초보자인 나도 이런 아웃도어 마니아들이 사용하는 제품을 가지고 있다는 것만으로도 든든한 선배의 지원을 받는 것처럼 맘이 놓인다. 앞으로 도심 근처의 공원이나 베란다에서 즐기는 어반 아웃도어도 제안해나갈 예정이라는 snow peak. 가벼운 야외놀이용 도구를 꼭 보고 싶다.

> snow peak
> 니가타 현 산조 시 나카노하라 456
> TEL 0256-46-5858
> 약 5만 평 부지의 본사에는 snow peak 전 제품을 취급하는 직영 스토어와 오토 캠프장이 함께 있다. 또한 전국에 직영점이나 인스토어 숍 등을 개설하고 있다. *본사 사무실 견학 가능.(예약 필요 없음)

마스킹 테이프와 아크릴 테이프 디스펜서
보관 용기의 내용을 메모하거나 봉투를 붙이는 셀로판 테이프처럼 사용하고 있다.(가모이 가공지) 마스킹 테이프에 사이즈가 딱 맞는다. 잘 끊어지고 사용하기 쉽다.(무인양품)

코튼 룸슈즈
수납정리 컨설팅을 받으러 찾아온 고객을 위해 마련한 신발. 신기 편하고 바닥도 튼튼해서 다른 두 켤레도 이것으로.

사오리가 애용하는 '추천' 일상용품!

민감한 피부를 위한 올인원 바디젤
크림보다 잘 펴지고 촉촉해서 마음에 들어 재구매.(무인양품)

깨끗한 노트 nanuk 무지
사이즈가 독특하고 감촉이 좋은 종이. 여행 노트로 쓴다.(리틀모어)

키친 스펀지
지인이 추천해줬는데 탄탄하고 차분한 색상이 마음에 들어 인터넷으로 구매.(세켄백화)

페이스 마스크 루루룬
스킨케어에 서툰 나도 매일 사용하는 간단 페이스 시트. 티슈박스처럼 위에서 뽑아낸다. 42장입.(그라이드 엔터프라이즈)

지역 토산물의 즐거움
Souvenir

건조 염 토마토
여행지에서 사먹었는데 아주 맛있어서 이후 집에서도 먹고 있다. 한번 맛본 사람은 그 달콤함에 쏙 빠진다. (치치부 나카이야 농원)

아모
단팥으로 만든 양갱으로 차와 곁들여 먹는 최고의 음식. 상온에서도 며칠간 보관할 수 있어 선물로 적당. (www.kanou.com)

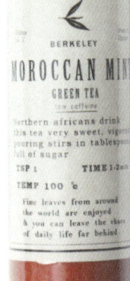

모로칸 민트 티
이것도 집에서 자주 마신다. 허브 차를 좋아하는 사람에게 추천. 패키지도 예뻐서 좋다. (R&D.M.Co)

감주
마츠모토 시에서 맛보고 빠져서 정기적으로 주문해 먹고 있다. 요구르트에 1:1로 섞어 먹으면 최고!
(요이카나 주조 주식회사. yoikana@po.mcci.or.jp)

선물하고 받는 즐거움
Gift

ao 베이비 선물세트(배냇저고리와 턱받이)
거즈는 감촉이 좋고 빨리 말라 최고. 특히 여름에 태어난 아기에게 추천.
(www.ao-daikanyama.com)

목제 단추 머리끈
무척 사랑스러워 매일 애용한다.
(petalwork. www.petalwork.net)

몽벨 아동복
로고 티셔츠가 풍부하고 모두 귀엽다. 유아부터 사이즈가 다양하여 형제에게 맞춰 선물해도 좋다.
(montbell 온라인숍)

모이스처 마스크
(얼굴용 보습마스크)
선물 받아 써보고 기분이 좋았던 제품이라 작은 선물을 사야 할 때 자주 구입한다. 향이 좋아 피부 관리를 하는 동시에 향도 즐길 수 있다.(MARKS&WEB 4개 세트. www.marksandweb.com)

uka 네일오일
일상적으로 사용하기 편한 롤 타입 네일오일. 기분 전환하고 싶을 때 목에 바르기도 한다.(uka)

137

Epilogue

30대가 되면서 '홀가분하게 살고 싶다'는 마음이 더욱 간절해졌다. 그것은 나에게 주어진 유한한 시간을 최대한 행복하게 사용하고 싶은 마음과 비례한다.

이 세상에서 손에 넣은 것은 무엇 하나도 저세상에 가져갈 수 없다. 따라서 나는 숨이 끊어지는 순간, 지금까지 만났던 소중한 사람, 그들과 나눴던 대화, 함께 봤던 아름다운 풍경, 맛있는 음식들… 그 모든 '경험'을 떠올리며 '아, 참으로 행복한 인생이었구나'라고 생각하며 떠나고 싶다. 이런 이야기를 하면 주위 사람들은 '그 나이에 벌써 그런 생각을 해?!'라며 놀란다. 하지만 다행히도 이런 내 마음을 알아주는 사람과 이 책을 만들 수 있었다.

홀가분하게 살고 싶다고 말하면서도 나는 사실 물건에 대한 욕심이 많다. 가령 머그컵이 필요하다는 생각이 들면 '바로 이것!'이라는 생각이 드는 컵을 만날 때까지 온갖 수고와 시간을 아끼지 않는다. 그리고 그 과정을 충분히 즐긴다. 물욕과 사이좋게 지내는 것이 인생의 중요한 과제라는 생각을 해왔기 때문이다.

물건을 좋아하고 갖고 싶다는 마음은 어린 시절 장난감을 갖고 놀던 때 싹텄다. 용돈을 받거나 아르바이트로 돈을 벌어 원하는 것을 갖게 된 쾌감을 맛본 학창 시절, 엄청난 노동을 월급과 맞바꾼 직장인 시절 등을 거치며 나는 원하는 것을 손에 넣는 쾌감에 점점 익숙해졌다.

직장생활 1~2년 차 때는 '일한다'는 개념을 제대로 이해하지 못한 미숙

함에 많이 좌절했다. 이 무렵 스트레스를 풀기 위해 정말 쇼핑을 많이 했다. 회사에 입고 갈 옷이 없다는 이유로 끊임없이 사들인 옷은 지금은 한 벌도 남아 있지 않다. '언젠가 필요할지 모른다'며 욕심껏 사들인 재킷들도 결국 한 번도 입지 못한 채 처분되는 신세가 되었다.

이런 쓸쓸한 경험은 이후 나의 물건 소유나 구매에 엄청난 영향을 미쳤다. 갖고 싶어서 산 물건이 시간이 조금 흐른 후 무용지물이 되어버리는 건 슬픈 일이다. 그 물건에게도 미안한 마음이 든다.

그런 반성의 시간 위에 지금의 생활이 있다. 나는 인생이 '지금'의 연속이라고 생각한다. 그리고 언젠가 끝이 있게 마련이다. 그래서 더 '지금'을 기분 좋게 지내고 싶다.

그렇게 살려면 모든 것이 쾌적하고 홀가분해야 한다. 갖고 있는 물건, 주변 공간, 인간관계, 눈에 보이지 않는 시간이나 정보도 가벼워야 한다. '지금'을 즐겁게 살고 있는 나의 이런 진심을 이 책에 담았다.

옮긴이 **박재현**

상명대학교 일어일문학과를 졸업하고 일본으로 건너가 일본외국어전문학교 일한 통·번역학과를 졸업했다. 일본도서 저작권 에이전트로 일했으며, 현재는 출판기획 및 전문 번역가로 활동 중이다.
역서로『투룸 수납 인테리어』『육아 수납 인테리어』『장이 살아야 내 몸이 산다』『혈관이 살아야 내 몸이 산다』『아들러 심리학을 읽는 밤』『하루에 한 번 마음 돌아보기』『니체의 말』『불안한 원숭이는 왜 물건을 사지 않는가』등 다수가 있다.

적게 소유하고 가볍게 사는 법
물건은 좋아하지만
홀가분하게 살고 싶다

1판 1쇄 펴낸날 2016년 5월 31일
1판 2쇄 펴낸날 2016년 7월 31일

지은이 | 혼다 사오리
옮긴이 | 박재현

펴낸이 | 박경란
펴낸곳 | 심플라이프
등 록 | 제2011-000219호(2011년 8월 8일)
주 소 | 서울시 은평구 은평터널로60 수색진흥엣세벨 105-1204
전 화 | 02-338-3338
팩 스 | 02-332-3339
이메일 | simplebooks@daum.net
블로그 | http://simplebooks.blog.me

ISBN 979-11-86757-07-9   13590

• 저작권법에 의해 보호를 받는 저작물이므로 무단전재와 복제를 금합니다.
• 책값은 뒤표지에 있습니다. 잘못된 책은 구입하신 곳에서 바꾸어 드립니다.
• 이 도서의 국립중앙도서관 출판시도서목록(CIP)은 서지정보유통지원시스템 홈페이지(http://seoji.nl.go.kr)와 국가자료공동목록시스템(http://www.nl.go.kr/kolisnet)에서 이용하실 수 있습니다.(CIP제어번호: 2016009776)